Eine kulinarische Reise durch die TOSCANA

Für meinen Freund Andrew Thomas und
für Lorraine, Penny und Kati; für die
Belegschaft der Locanda dell'Amorosa,
die mich in die Genüsse der toscanischen
Küche einweihte; für Giuseppe, Maurizio,
Paula de Ferrari Corradi, Giovanella Stianti
und die Panerai, die mich über
toscanischen Wein belehrten; für Carlo,
Emiliana und alle im Ponte di Sasso; für
Angela, Letizia, Mariella, Ebe, Renzo und
Fiametta, Leonardo, Jill und die anderen im
Il Fedino; für Franca und Beppe bei
Fiesole, Claudia, Elizabetta und Signora
Piras auf Elba, Mary in Tiglio, Anna im
Castello di Spaltenna, Cesare im Vipore
und meine Mutter, deren äußerst
einfallsreiche Kochkunst mich zu diesem
Buch inspirierte.

L. F.

Eine kulinarische Reise durch die TOSCANA

Klassische Rezepte
aus dem
Herzen Italiens,
gesammelt und
illustriert von
Leslie Forbes

DuMont
Buchverlag Köln

4. Auflage 1993
Originalausgabe unter dem Titel »A Table in Tuscany«, publiziert von Webb & Bower Ltd., London, 1985, in Zusammenarbeit mit Gardenhouse Editions Limited, 15 Grafton Square, London SW4 ODQ

Aus dem Englischen übersetzt von Deborah Kagel

Satz der deutschen Ausgabe: Fotosatz Froitzheim, Bonn
Druck und buchbinderische Verarbeitung:
Kyodo

Printed in Singapore
ISBN 3-7701-1990-8

· INHALT ·

· VORWORT ·

Ein Küchentisch auf einem Bauernhof in der Nähe des Monte Amiata, übersät mit wildem Spargel oder frisch gesammelten, riesigen Steinpilzen; ein Kaffeetisch in Siena mit schwerem, süßen *Panforte* und zwei schaumigen Cappuccini; ein Tisch in einer belebten florentinischen Trattoria, auf der karierten Tischdecke Teller mit dampfender Pasta; ein Tisch aus Pinienholz in einem Olivenhain nördlich von Lucca, beladen mit Stiften und Zeichenblöcken – dies sind nur einige der vielen Tische, an denen ich aß, trank und so vieles über die toscanische Kultur, ihre Bewohner, Speisen und Weine lernte. Was später in diesem Buch zusammenfließen sollte, begann weniger als Sammlung von traditionellen Rezepten, sondern eher als eine stetig wachsende Ansammlung von Skizzen.

Zunächst entstand 1980, auf meiner ersten Reise in die Toscana, eine Reihe von Zeichnungen, ich notierte Kochrezepte; doch mit den folgenden Besuchen wurde aus dem Interesse eine Leidenschaft – ich war der Gegend verfallen. Für mich ist die Toscana unwiderstehlich mit ihren kleinen familienbetriebenen Restaurants, wo man lässig *Pasta e Fagioli* im Schatten einer grandiosen Renaissancekirche serviert und bunte Märkte sich ungeniert über gepflasterte mittelalterliche Plätze ausbreiten. Die Menschen hier – manche spröde und schlau, andere sanft und scheu – verbindet ein leidenschaftlicher Stolz auf ihre Landschaft, ihre Eß- und Trinkkultur.

Die Toscana war – bis der Massentourismus über sie hereinbrach – eine eher ärmliche Region, so daß ihre traditionelle Küche mit dem, was die Italiener *cucina povera* (die arme Küche) nennen, verwurzelt ist. Ein gutes toscanisches Restaurant bleibt also den Prinzipien der ökonomischen Selbstversorgung treu und verwendet lieber frische Regionalprodukte als teure Importwaren.
Aus Haselnüssen, die von riesigen Bäumen geerntet werden, fertigt man Haselnußmehl, das die Grundlage vieler Nachspeisen bildet.

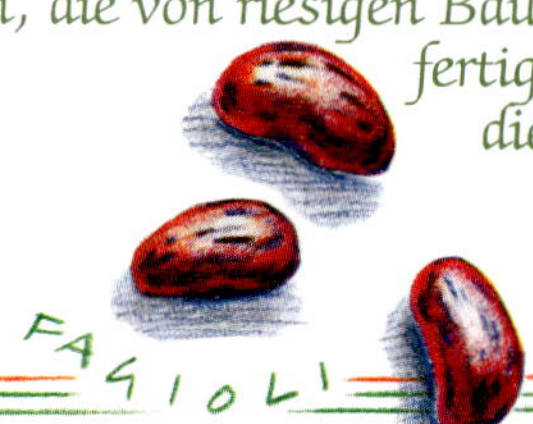

Pinienkerne verfeinern Kuchen und Süßspeisen. Schweine dürfen hier das ganze Jahr über im Freien ihr Futter suchen, was der Qualität des toscanischen Schweinefleischs sehr zuträglich ist. Aus einfachem Pastateig bäckt man mit Zucker, Rosmarin und Weintrauben einen schweren, saftigen Kuchen. Die Fülle wilder Pilze und Kräuter erlaubt den Toscanern eine Küche, die manchem Fremden luxuriös erscheint.

Zu meinen liebsten Erinnerungen gehört der Spaziergang mit einem florentinischen Freund in den Hügeln von Fiesole. Vor einem steinernen Bauernhaus hielten wir an, um eine baumgroße Geranie zu bewundern, und kamen mit den stolzen Besitzern ins Gespräch. Sie beschenkten uns mit einem Glas selbstgemachter pikanter Tomatensoße und frisch gestochenem, wilden Spargel, der außerhalb der Toscana so selten ist wie Orchideen. Die beste Küche findet man privat oder in Restaurants außerhalb der Stadtzentren. Da geschriebene Speisekarten selten sind, lassen sich komische Überraschungen erleben. So erging es mir, als ich glaubte, eine Kleinigkeit bestellt zu haben und daraus ein vierstündiges Marathonessen mit sieben Gängen wurde. Den Höhepunkt bildete ein Wildschweinbraten in einer Sauce mit Pinienkernen und bitterer Schokolade. Die meisten toscanischen Gerichte sind einfach aber phantasievoll zubereitet, mit frischen Kräutern wie Thymian, Salbei und Rosmarin. Diese Küche hat Tradition, sie läßt sich zurückverfolgen bis zu den Etruskern, die vor über 2 000 Jahren die Toscana besiedelten.

Während der Renaissance war die toscanische Küche – wie die Kunst – einem drastischen Wandel unterworfen: In dieser Zeit empfahl ein begeisterter Gourmet, ein Wildschwein mit einer Gans zu füllen, diese mit einem Fasan, den Fasan mit einem Rebhuhn usw. bis hin zur abschließenden Olive. Florentinische Köche exportierten ihr Können ins ›barbarische‹ Frankreich, wo die italienische Erfindung der Gabel noch eine Rarität darstellte. Neuerdings werden einige alte Gerichte wieder eingeführt, um die Raffinesse toscanischer Gastronomie zu steigern. Meine schönsten Erinnerungen jedoch gehören den einfachen Dingen: wie ein Koch mir zeigte, wann Eier genug Mehl aufgenommen haben, um einen festen, aber noch nicht steifen Pastateig zu ergeben; wie der Chef einer winzigen, überfüllten Trattoria in Florenz mir die Zubereitung eines perfekten Artischocken-Omeletts demonstrierte; der Duft einer frischgebackenen Kastanienmehltorte, *Castagnaccio* genannt, oder wie ich mir Finger und Zunge an einem der frischfritierten, zuckrigen *Cenci* verbrannte.

Alle Rezepte in diesem Buch rufen starke Erinnerungen in mir wach. Sie wurden bei Berufs- und Amateurköchen in der Toscana gesammelt; manche sind Erfindungen von Leuten, die ich zufällig traf – wie die Löwenzahnsuppe einer Großmutter aus Montalcino oder das Rezept für Jägersoße eines reisenden Porchetta-Verkäufers in San Gimignano.

Nicht alle Rezepte stammen wortwörtlich von den genannten Restaurants. Manche mußte ich aus gekritzelten Notizen ergänzen, die entstanden, während ein gehetzter Koch gerade die Tagesspezialität zubereitete. Man kann sie je nach Bedarf variieren – sie sind als Anregung zu verstehen, wie einem Standardgericht etwas toscanischer Beigeschmack verliehen werden kann: Gibt man beispielsweise zu einem normalen Brotteig Öl mit Rosmarin, so zaubert man eine himmlisch duftende, florentinische Bäckerei herbei.

Ich hoffe, daß die Rezepte, wenn sie zu Hause ausprobiert werden, wenigstens ein paar toscanische Genüsse vermitteln können, und daß jeder, der meine nostalgischen Gefühle teilt, in diesem Buch etwas findet, das ihm Spaß macht.
(Die Ziffern hinter jedem Rezept geben an, für wie viele Personen es gedacht ist.)

Florenz und Umgebung

Restaurants
Florenz: Borgo Antico · Cocolezzone · La Carabaccia · Da Gianino · Sostanza – Fiesole: Le Cave di Maiano · Il Lordo – S. Andrea in Percussina: Taverna Machiavelli

Sehenswürdigkeiten
Carmignano: Villa Artimino – Fiesole: Röm. Ruinen · Villen · Steinbrüche – Poggio a Caiano: Villa Medicea – Prato: Fresken im Dom – Mugello: Villen von Cafaggiolo und Trebbio

EINFÜHRUNG

Fiorentin mangia fagioli
lecca piatti e tovaglioli
Der Florentiner, der Bohnen ißt,
leckt Teller und Tischtuch ab
(altes toscanisches Sprichwort)

Aldous Huxleys Meinung, Florenz sei eine drittklassige Provinzstadt, ist sicherlich unfair. Jedoch scheint die Stadt wie dazu gemacht, schlechtinformierte Besucher zu ärgern. Um sechs Uhr morgens erhebt sich in den (noch) zugedeckten Märkten ein solches Geschrei, als ob sämtliche Bewohner daran beteiligt seien; Verkehrslärm und Menschen füllen die Straßen. Museen sind nur am Morgen geöffnet, Geschäftszeiten ändern sich mit verwirrender Häufigkeit, und gerade dann, wenn man meint, hinter den Code gekommen zu sein, schließt alles um ein Uhr zum Mittagessen. Stahlgitter werden mit lautem Gerassel heruntergelassen – abrupt verschwinden die verführerischen Auslagen; die eben noch lebhaften Einkaufsstraßen liegen kahl und trostlos da. Über Stunden regt sich nichts außer der gelegentlichen Fliege, die in der florentinischen Sommerhitze auch leicht phlegmatisch wirken kann.

Was bleibt einem also anderes übrig, als die Florentiner nachzuahmen: früh aufzustehen, um einzukaufen oder die atemberaubende Vielfalt an Museen und Kirchen zu besichtigen. Heben Sie sich den Nachmittag für ein langes gemütliches Mittagessen in einem kühlen Restaurant auf. Sie können sich auch für ein Picknick und Siesta in den Boboligärten hinter dem Palazzo Pitti niederlassen oder in den kostbaren Stunden zwischen eins und fünf die schmalen, mit mittelalterlichen Palästen gesäumten Gassen erforschen. Den Rest des Tages sind die kreischenden Motorräder eine Dauerplage.

Die Stadt war für Besucher noch nie ein erholsamer Ort; aufregend ja, erholsam nein. Die jahrhundertelange Verwicklung in eine Auseinandersetzung zwischen den Guelfen, die den Papst unterstützten, und den Ghibellinen, die auf seiten des Kaisers standen, spaltete die gesamte Toscana. Im Jahre 1266 hatten sich die Guelfen zwar als stärkere Gruppe in Florenz etabliert, die Innenpolitik war jedoch noch so unstabil, daß Dante (1265–1321) seine Heimatstadt mit einer kranken Frau verglich, die sich in ihrem Bett hin- und herwirft, um ihre Schmerzen zu lindern.

Erst 1434 leitete Cosimo de'Medici eine Periode relativer Stabilität in der Toscana ein. Unter der Herrschaft seiner Familie wurde Florenz in der Hochrenaissance von toscanischen Künstlern, Bildhauern und Architekten zu jenem dichten urbanen Schatzkästchen, das die Stadt heute noch ist. E. M. Forster nannte die Renaissance »nur Kampf und Schönheit«, wobei sich das Kämpfen nicht ausschließlich auf die Politik beschränkte: Bei einem Faustkampf auf den Stufen von Santa Maria del Carmino brach Pietro Torrigiano Michelangelo die Nase. Streitpunkt waren Masaccios wunderbare Fresken in der Brancacci-Kapelle. Auch Brunelleschi verließ beleidigt die Stadt, nachdem er den Auftrag, die Türen des Baptisteriums anzufertigen, an Ghiberti verloren hatte, und kehrte erst wieder, als er den Auftrag bekam, die berühmte Domkuppel zu entwerfen. Seine avantgardistischen Ideen stießen zwar auf Widerstand, wurden jedoch ab 1423 realisiert. Die Konstruktion der Domkuppel war eine technische Meisterleistung der Renaissance, die selbst durch den von Michelangelo eine Generation später erbauten Petersdom unübertroffen blieb.

Für die Liebhaber der florentinischen Küche ist die *Bistecca fiorentina* ebenso ein Meisterwerk wie für die Architekten der Dom von Brunelleschi. Wenn Sie in einer überfüllten Trattoria in der Nähe des Zentralmarktes sitzen, werden Sie Debatten darüber hören, wie man ein Steak am perfektesten grillt – und diese Diskussionen stehen jenen über Politik, was ihre Heftigkeit angeht, in nichts nach. Ob die *bistecca* (ein Rindersteak riesigen Ausmaßes) zuerst mit Öl bestrichen und dann gegrillt wird oder ob sie Öl nie zu Gesicht bekommen sollte, kann endlose Gespräche entfachen. Aber die Toscaner, und die Florentiner vorneweg, können sich über alles streiten. Und wenn es dazu etwas zu essen und guten Wein gibt, erst recht.

Die besten Argumente und den besten Wein findet man nicht in den hypereleganten Hotels, die ihre Kost aufwendig servieren, sondern in den einfachen florentinischen Trattorien. Probieren Sie mal die von Einheimischen geliebten weißen Bohnen. Sie werden mit Salbei und Knoblauch cremig-weich gekocht und dann mit köstlichem Olivenöl beträufelt. Oder fragen Sie nach einem Stück Schweinebraten, frisch vom Grill; die knusprige Kruste mit Rosmarin und schwarzem Pfeffer wird Sie begeistern. Das echte Florenzgefühl hat man in den kleinen Restaurants, z. B. in der CARABACCIA, bei GIANINO oder SOSTANZA, wo man an langen Tischen Ellbogen an Ellbogen mit den anderen Gästen sitzt.

Es läßt sich schwer sagen, welche Anreise man demjenigen empfehlen sollte, der zum ersten Mal nach Florenz kommt. Bei der Ankunft im Hauptbahnhof Santa Maria Novella überfällt die Stadt den Reisenden mit ihren modernen Problemen: Krach, Verkehr, Gestank und Hitze. Die Stadt des Dante oder Michelangelo ist so weit entfernt wie der blaue Apennin. Fahren Sie aber von Norden über die alte Via Bolognese (die SS 65 von Bologna) in die Stadt hinein, werden die Toscana und das Florenz der Renaissance wieder lebendig. Vom dramatischen Futa-Paß führt der Weg durch das liebliche Mugello, an einigen der großartigsten Renaissance-Villen vorbei. Die erste ist Michelozzos *Cafaggiolo*, es folgen *Trebbio* und das mittelalterliche Schloß von Jacopo Salvati, dem seine Frau im 17. Jahrhundert als Neujahrsgeschenk den abgeschlagenen Kopf seiner Geliebten überreichte. Ein Stück weiter steht Sir Harold Actons *Villa La Pietra*, mit einem der schönsten Ziergärten Italiens. Auf dem letzten Stück wird über villen- und zypressenbedeckten Hügeln im Osten das römische Fiesole sichtbar. Zum Schluß endlich der von Brunelleschi erbaute, berühmte Dom mit seiner mächtigen Kuppel. Sie sind in Florenz!

· SUPPEN ·

S steht für Suppe oder in der Toscana z für *zuppa* – für jede Suppe, die über Brot serviert wird, und das gilt für die meisten. Die Variationen reichen von einer klaren Brühe mit frischen Kräutern, in der ein Huhn gekocht wurde, bis zur *Zuppa di agnello*, in der es gerade noch genug Flüssigkeit gibt, um das unter dem Lamm-Tomaten-Eintopf befindliche Brot zu tränken. Ein Tropfen feinstes Olivenöl macht die *zuppa* perfekt. Das Geheimnis einer guten toscanischen Suppe liegt in der Auswahl der Kräuter; halten Sie auf dem Markt nach den frischesten Ausschau, und wählen Sie ein entsprechendes Rezept aus.

· LA · CARABACCIA ·

In La Carabaccia serviert Luciano Ghimassi jeden Tag andere sorgfältig ausgewählte florentinische Spezialitäten. Die Zutaten stellen er und seine Familie größtenteils selbst her. Um in dem kleinen Lokal, das stets mit Einheimischen gefüllt ist, noch einen Platz zu ergattern, muß man entweder vorbestellen oder mit einem der Stammgäste befreundet sein.

ZUPPA di CIPOLLE

Zwiebelsuppe (4)

Dies ist nur eines von vielen toscanischen Gerichten, um die sich ein jahrhundertealter Streit rankt. Er geht auf die Heirat Caterina de' Medicis mit Henri II. in Frankreich zurück, wohin sie ein ganzes Gefolge von Köchen mitnahm. Gewisse Rezepte, die international als französischen Ursprungs angesehen werden, beanspruchen die Toscaner für sich, und wer weiß, vielleicht veränderten die Italiener Frankreichs Kochkunst durch ihre *Zuppa di cipolle* oder ihre *Anitra all'arancia* (*Canard à l'orange*) ganz entscheidend. Oder brachten vielleicht italienische Köche französische Rezepte bei ihrer Rückkehr in die Heimat mit? Jedenfalls ist die *Zuppa di cipolle* heute als *Soupe à l'oignon* unvermeidlicher Bestandteil jedes französischen Bistros.
Das erste Rezept verwendet gemahlene Mandeln als Bindemittel und stammt aus der Renaissance.

RENAISSANCE-VERSION

1 kg Zwiebeln, in feine Scheiben geschnitten
100 g Mandeln, gehäutet und im Mörser zu einer Paste zerrieben
1 Eßlöffel Zucker
4 Eßlöffel Olivenöl
Weißweinessig
1 Zimtstange
1 l Brühe
1 Prise weißer Pfeffer
1 Prise Salz
Zimt (pulverisiert), nach Wunsch
4 Scheiben Brot

Legen Sie die zerriebenen Mandeln und die Zimtstange ungefähr eine Stunde lang so in Essig ein, daß sie bedeckt sind. Das Öl in einer mittelgroßen Kasserolle erhitzen und die Zwiebeln darin garen. Wenn nötig, mehr Öl dazugeben. Dann die Mandelpaste in einem Sieb abtropfen lassen und löffelweise unter die Zwiebeln rühren, bis alles gut vermischt ist. Zucker, Zimt nach Wunsch, Pfeffer, Salz und klare Brühe hinzufügen. Das Ganze weitere 30 Minuten kochen lassen. Legen Sie eine geröstete Scheibe Brot in jeden Suppenteller und gießen Sie die Suppe darüber.

LA CARABACCIA
la Carabaccia
190

ZWIEBELSUPPE
Moderne Version

Die zweite Version der Zwiebelsuppe ist weniger extravagant und entspricht mehr unserem heutigen Geschmack.

1 kg Zwiebeln, in feine Scheiben geschnitten
2 Möhren
1 Stange Sellerie
einige Basilikumblätter, in kleine Stücke zerpflückt
1½ l Hühnerbrühe
100 g Gartengemüse (Erbsen, dicke Bohnen etc.)
Weißwein
Pecorino oder Parmesan, gerieben
Salz und Pfeffer
4 Scheiben Brot

Das Öl in einer großen Pfanne erhitzen. Dann Möhren, Sellerie und Basilikum 5 Minuten darin schmoren. Die Zwiebeln hinzugeben und bedeckt auf kleiner Flamme kochen lassen. Falls nötig, etwa ein Drittel der Brühe zufügen und weiter garen lassen. Nach einer Stunde wird die Hitze erhöht und etwas Weißwein hinzugegeben. Ist der Wein verdunstet, legt man das frische Gemüse zu den Zwiebeln und gießt nach einer Minute die übrige Brühe nach. Jetzt die Hitze drosseln und die Suppe so lange weiterkochen lassen, bis das Gemüse gerade gar ist. Geben Sie vor dem Servieren einige Eßlöffel Käse in die Suppe (gut umrühren) und eine Scheibe Brot in jeden Teller.

· TRATTORIA · SOSTANZA ·

TRIPPA alla FIORENTINA

Florentinische Kaldaunen (4)

Werden Sie bei Kaldaunen auch immer mißtrauisch? Die Florentiner haben da ihr ganz besonderes Rezept – versuchen Sie es, vielleicht kann man Sie bekehren.

800 g Kaldaunen, bereits gekocht
500 g Tomaten, gehäutet und zerkleinert
1 Zwiebel
1½ Teelöffel Majoran
30 g Pancetta (oder Schinkenspeck)
3–4 Eßlöffel Olivenöl
2 Stangen Sellerie
1 Möhre
Salz und Pfeffer

In einem großen Topf werden die Kaldaunen, ½ Zwiebel und eine Stange Sellerie mit Wasser bedeckt und 10–15 Minuten lang gekocht. In der Zwischenzeit hacken Sie die restliche Zwiebel, Sellerie, Möhre sowie den Schinkenspeck fein, und schmoren alles in Öl auf kleiner Flamme in einer feuerfesten Kasserolle. Dann die Kaldaunen abtropfen lassen und in schmale, 2,5 cm lange Streifen schneiden. Wenn die Zwiebel eine leichte Bräunung zeigt, Tomaten, Kaldaunen und die Gewürze hinzugeben. Bei geschlossenem Topf auf kleiner Flamme weiterkochen lassen. Nach 35 Minuten Deckel abnehmen und die *Trippa* unter Umrühren auf größerer Stufe weiter erhitzen, bis sie sich verdickt hat. Mit reichlich geriebenem Parmesan bestreut servieren.

Die Trattoria Sostanza eröffnete 1869 und gehört immer noch zu den bekanntesten Lokalen in Florenz. Probieren Sie dort einmal die riesige *Bistecca fiorentina* an einem der langen Gemeinschaftstische sitzend, wo es unvermeidlich ist, sich mit dem halben Lokal zu unterhalten. Ein Stammgast, der regelmäßig seit 40 Jahren in der Trattoria verkehrt, erzählte, daß die vorherigen Besitzer wegen eines Streits jahrelang nicht mehr miteinander sprachen. Der eine arbeitete im vorderen, der andere im hinteren Teil des Lokals, und ihre Verständigung lief ausschließlich über die Kellner. Möglicherweise trug diese Auseinandersetzung zum Reiz des Lokals bei.

TORTINO di CARCIOFI

Artischocken-Omelett

Carciofo bedeutet Artischocke auf Italienisch. Das Gemüse sollte jung und am besten aus Italien sein, die Blätter dicht am langen, schmalen Stiel sitzen.

2 Eier pro Person
2–3 junge Artischocken pro Person (je nach Größe)
150 ml gutes Olivenöl
1 Knoblauchzehe
2–3 Eßlöffel frische Petersilie, fein gehackt
Salz und Pfeffer
Saft einer Zitrone

Die äußeren Blätter der Artischokken entfernen und – wenn Sie keine italienischen verwenden – eventuell braune Blattspitzen abschneiden. Die Frucht der Länge nach halbieren und 15 Minuten in Wasser und Zitronensaft einlegen. Öl mit Knoblauch in einer Pfanne erhitzen. Jetzt die Artischockenhälften abtropfen lassen, abtrocknen und in das heiße Öl legen. Die Pfanne bedecken und auf kleiner Flamme so lange weiterschmoren, bis die Artischocken leicht gebräunt sind, dabei ein- bis zweimal wenden. Nun die mit Salz , Pfeffer und Petersilie verquirlten Eier dazugeben und bei mittlerer Hitze weiterbraten, bis das Omelett gar ist. In der TRATTORIA SOSTANZA serviert man die Omeletts mit einem Spritzer frischem Zitronensaft sowie knusprigem Brot. Achten Sie bei nicht-italienischen Artischocken darauf, daß sie noch sehr jung und klein sind, und verwenden Sie nur die zarten inneren Blätter.

· DA GIANINO ·

Bei GIANINO, wo Dichter und Filmstars ein- und ausgehen, bedient die ganze Familie Bernadoni die Gäste. Im Frühling lohnt es sich für *tagliatelle* mit wildem Spargel zu fasten, und die *Crostini di fegatini*, die man das ganze Jahr über genießen kann, sind die besten der Toscana.

CROSTINI di FEGATINI
Hühnerleber auf Röstbrot (6)

In jeder toscanischen Trattoria findet man wahrscheinlich *Crostini* auf der Vorspeisenkarte. Bei GIANINO wird das Brot zunächst über offenem Feuer geröstet, dann mit grünem Olivenöl bestrichen und erst in letzter Minute mit der cremigheißen Masse aus Hühnerleber, Kapern und Sardelle bestrichen.

6 Hühnerlebern
1 mittelgroße Zwiebel, fein gehackt
1 Sardelle, fein gehackt
1 Teelöffel pürierte Tomaten
1 Glas Weißwein
Butter
2 Eßlöffel Kapern, im Mörser zerkleinert
10 oder mehr Scheiben Baguette
Hühnerbrühe
geriebener Parmesan oder Pecorino

Butter in einer kleinen Pfanne zerlassen und die Zwiebel darin glasig dünsten. Die Hühnerleber hinzugeben und mit einer Gabel zerteilen, sobald sie zu bräunen beginnt. Nach einigen Minuten den Wein dazugießen und langsam verdunsten lassen. Sardellen, Kapern sowie das Tomatenpüree, in etwas heißer Brühe miteinander verrührt, in die Pfanne geben und etwa 15 Minuten weiterköcheln lassen. Wenn nötig, mehr Brühe dazugießen, damit die Masse sehr cremig bleibt. Unmittelbar vor dem Servieren wird die Leber mit dem Handmixer zerkleinert. Sehr heiß, auf geröstetem Brot, mit reichlich frischgeriebenem Parmesan (oder Pecorino) reichen.

· COCOLEZZONE ·

In ihrer winzigen Küche neben dem ebenso kleinen weißgefliesten Restaurant zaubert die Familie Paoli in Florenz hervorragende Beispiele traditioneller toscanischer Kochkunst.

FARFALLINE con PISELLI
Nudelschmetterlinge mit frischen Erbsen (4)

Theoretisch ist es leicht, dieses Gericht zu machen. Stellen Sie sich einfach neben ein Feld junger Erbsen – in der Hand die Pfanne mit großzügiger Portion sanft vor sich hin bruzzelndem, hellen Schinken und ein paar feingehackten, grünen Frühlingszwiebeln. Warten Sie bis die Erbsen gerade reif, aber noch winzig und hellgrün in ihren Hülsen sind. Jetzt ist der Moment gekommen, sie direkt in die Pfanne zu enthülsen, schnell mit der Soße zu verrühren, eine Schüssel *Farfalline* (Nudeln in Schmetterlingsform) darüberzugießen, und damit zum nächstgelegenen Tisch zu laufen. Wird alles befolgt und waren die Erbsen tatsächlich gut, schmeckt es vielleicht annähernd so delikat wie im Cocolezzone. Falls es am Erbsenfeld scheitert, nehmen Sie:

100 g Farfalline pro Person
900 g frisch enthülste Erbsen (eine roh probieren; falls sie nicht süß schmeckt, eine gute Prise Zucker beim Kochen dazugeben)
100 g guter, in feine Streifen geschnittener gekochter Schinken
2 Frühlingszwiebeln, fein gehackt
1 Eßlöffel Olivenöl
Salz und Pfeffer

Die Nudeln in einem Topf Salzwasser kochen. Öl erhitzen und Zwiebeln langsam darin anbraten, bis sie zart, aber noch nicht braun sind. Erbsen (und Zucker, wenn nötig) sowie 1–2 Eßlöffel Wasser dazugeben. So schnell wie möglich, d. h. 10–15 Minuten kochen (etwas kürzer, falls die Erbsen klein und sehr zart sind). Ungefähr 5 Minuten bevor sie gar werden, den Schinken hinzufügen, alles über die abgetropften Nudeln gießen und sofort servieren.

FAGIOLI al FIASCO

Bohnen in der Chiantiflasche (6)

Dieses ist eines der ältesten und einfachsten toscanischen Gerichte. Es eignet sich ausgezeichnet als Beilage zu Gegrilltem. Aber leeren Sie erst einmal die Chiantiflasche . . .

350 g frische, weiße toscanische *Cannellini*- oder andere weiße Bohnen
4 Eßlöffel gutes Olivenöl
5–6 Salbeiblätter
2 Knoblauchzehen, zerdrückt

Von der Flasche die Bastverkleidung abschneiden (das Gefäß sollte ungefähr 1½ Liter fassen) und als späteren Verschluß aufheben. Die Flasche ausspülen und ½–⅔ mit Bohnen auffüllen (sie brauchen Quellraum). Öl, Salbeiblätter, Knoblauch sowie 1½ Tassen Wasser dazugeben. Den Bast locker in den Flaschenhals stopfen, damit das Wasser verdunsten kann und die Bohnen – um ihren charakteristischen sahnigen Geschmack zu erhalten – Öl und kein Wasser aufnehmen müssen. Jetzt stellt man die Mischung 3–5 Stunden neben oder über die Glut eines Feuers. Warten Sie, bis das Wasser verdunstet ist und die Bohnen das Öl aufgesogen haben. Heiß oder kalt mit reichlich Salz und frischgemahlenem, schwarzen Pfeffer sowie ein paar Tropfen Olivenöl servieren.

LETIZIA

Letizia Volpi, die als Künstlerin in Florenz lebt und arbeitet, ist eine leidenschaftliche Sammlerin alter Rezepte für toscanische Süßigkeiten. Vielleicht schreibt sie eines Tages darüber ihr eigenes Buch; bis es soweit ist, fabriziert Letizia zur Freude sämtlicher Freunde und Familienmitglieder die sechsfache Menge jedes Rezepts. Bäckt sie dann an einem Abend ihre knusprigen *Cenci*, hat das den angenehmen Nebeneffekt, daß das Haus noch tagelang nach Vanille und Puderzucker duftet.

CENCI

Fettgebäck

Cenci heißt soviel wie Lappen oder Lumpen, der zum Staubwischen und Reinigen verwendet wird. Wie

das Material gleichen Namens, wird das Gebäck aus ›Lappen‹ in alle möglichen Größen und Formen geschnitten. Neben Schleifen und Knoten sind die herzförmigen *Dolci d'amore*, wie Letizia sie macht, zu Karneval sehr beliebt.

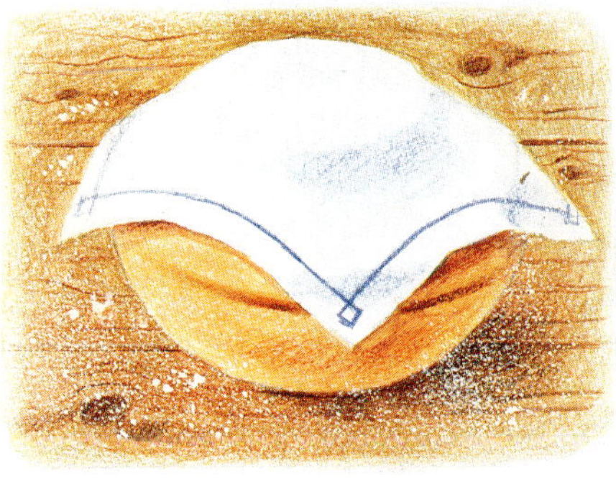

250 g Weizenmehl
25 g zerlassene Butter
25 g Zucker
1 Ei
3 Eßlöffel *Vino Santo* (ein italienischer Dessert-Wein)
1 Teelöffel Vanillemark
Eine Prise Salz
Öl zum Ausbacken

Aus dem gesiebten Mehl einen Vulkan, in die Mitte einen Krater formen. In diesen Ei, Salz, Zucker, Vanillemark und Butter geben. Vorsichtig mit den Händen zum Teig verkneten. Wenn er trocken wird, mit etwas Vino Santo befeuchten, da er geschmeidig bleiben sollte. Gut verknetet, mit einem Tuch bedeckt an einem kühlen Ort stehenlassen. Nach etwa einer Stunde den Teig sehr dünn ausrollen und beliebig formen: z. B. zu Schleifen, Knoten oder Herzen.

2–3 Stücke auf einmal in heißem Öl ausbacken, bis sie aufgehen bzw. goldbraun sind. Auf Küchenkrepp abtropfen lassen und mit Puderzucker bestreuen. *Cenci* können heiß oder kalt verzehrt, müssen aber luftdicht aufbewahrt werden.

LE CAVE DI MAIANO

LE · CAVE · DI · MAIANO

Der berühmte graue Stein, *pietra serena*, aus dem halb Florenz erbaut ist, stammt aus Steinbrüchen in der Nähe von Fiesole, den Cave di Maiano. Die gleichnamige Trattoria wird mittlerweile nicht mehr ausschließlich von Arbeitern des nahegelegenen Abbaugebiets frequentiert. Das gemischte Publikum scheint größeres Interesse für den wunderbaren Blick auf Zypressen und Villen der Hügel von Fiesole zu haben als für das eigentliche Abendessen. Dennoch bietet die Speisekarte demjenigen, der die Bräuche kennt oder bereit ist sich danach zu erkundigen, sehr gut gemachte traditionelle Gerichte.

PAPPA al POMODORO

Tomaten-Brotsuppe (8)

Diese schwere Suppe gehört zu den alten Rezepten. Wenn Tomaten und Basilikum wirklich frisch sind, das verwendete Brot trocken und am Knoblauch nicht gespart wird, kann eigentlich nichts schief gehen. Man kann sie heiß, kalt, lauwarm oder – weniger authentisch – mit Eiswürfeln servieren, obenauf eine Handvoll frisches, zerkleinertes Basilikum (dieses läßt sich durch andere frische Kräuter wie Thymian, Rosmarin oder Petersilie ersetzen).

225 ml sehr gutes Olivenöl
3–4 Knoblauchzehen, zerkleinert
8 Basilikumblätter, nach Wunsch mehr
500 g Tomaten, gehäutet und zerkleinert
500 g trockenes toscanisches Landbrot
1 mittelgroße Stange Lauch, fein geschnitten
1,4 l Brühe
Salz und Pfeffer
½ Teelöffel getrocknete Pfefferschoten, nach Wunsch

Öl in einer Kasserolle erhitzen, Lauch und Knoblauch darin anrösten. Wenn das Gemüse zart ist, Tomaten und Basilikum hineingeben, 5–10 Minuten schmoren lassen. Dann die Brühe, Salz, Pfeffer und eventuell Pfefferschoten hinzufügen. Das Brot in kleine Stücke brechen, in die kochende Suppe rühren. 2 Minuten weiterkochen lassen, bedecken, ca. 1 Stunde stehenlassen. Anschließend gut verrühren, mit Basilikum bestreuen, mit etwas frischem Olivenöl übergießen und mit Parmesan reichen.

MASHA INNOCENTI

Masha Innocenti leitet in Florenz eine Kochschule für Ausländer, die die Geheimnisse italienischer Kochkunst ergründen wollen. Sie stammt aus einer Familie toscanischer Köche, ihre kulinarische Inspiration verdankt sie ihrer lucchesischen Mutter.

CONIGLIO con OLIVE NERE

Kaninchen mit schwarzen Oliven (6)

Dieses Rezept ist besonders typisch für die Gegend um Lucca, wo es sowohl Kaninchen als auch Oliven im Überfluß gibt.

1 Kaninchen von ca. 1,4 kg, gewaschen und zerteilt
2 Knoblauchzehen
225 ml Olivenöl
60 g Butter
110 ml Weißwein
1 Eßlöffel Tomatenmark
6 Eßlöffel schwarze Oliven
225 ml Brühe
Salz und Pfeffer

Die Knoblauchzehen enthäuten, in der Mitte teilen. Öl und Butter oder Margarine in einer großen Kasserolle (feuerfesten Form) erhitzen. Knoblauch und Kaninchen darin auf allen Seiten bei mittlerer Hitze anbräunen. Jetzt den Wein dazugießen, die Wärmestufe erhöhen, bis er verdunstet ist. Anschließend Hitze drosseln, Tomatenmark und Brühe hineinrühren und bedeckt auf mittelgroßer Flamme 15 Minuten garen. Nach Geschmack würzen, schwarze Oliven beigeben. 20–25 Minuten weiterschmoren lassen bis das Fleisch zart ist und eine leichte Rosafärbung zeigt. Falls der Fond auszutrocknen droht, Brühe nachgießen.

POLLO in FRICASSEA

Huhn in Zitronensoße (6)

Diese klassische Art, Huhn in Zitronensoße zuzubereiten, eignet sich gleich gut für Kalbslendenstücke.

1 Huhn von ca. 1½ kg, gesäubert, abgetrocknet und in Stücke zerlegt
60 g Butter
110 ml Olivenöl
kleine, weiße Zwiebeln, gewürfelt
Saft einer Zitrone
2 Eßlöffel Weizenmehl
3 Eigelb
Salz und weißer Pfeffer
2 Eßlöffel gewiegte Petersilie
165–220 ml Brühe

Öl und Butter in einer flachen, feuerfesten Form erhitzen, die Zwiebel langsam darin glasig dünsten. Hühnerstücke hineingeben und gut anbräunen lassen. 100 ml Brühe dazugießen, abdecken, und auf kleiner Flamme 15–20 Minuten kochen lassen; weiter Brühe nachgeben, falls das Fleisch auszutrocknen oder anzubrennen droht. Mehl und 50 ml Brühe sämig rühren und allmählich zum Andicken untermischen. Nach Geschmack würzen. Eigelb und Zitronensaft vermengen. Das fertige Hühnchen nach etwa 40 Minuten vom Herd nehmen, die Eigelb-Zitronenmischung unterheben und mit Petersilie garniert servieren.

TORTA della NONNA

Großmutters Torte (8)

Überall in der Toscana backen Großmütter diese Torte; sie ist aber auch in vielen Restaurants, Cafés und Konditoreien zu haben. Hauptbestandteil ist ein Mürbeteig, der mit Vanillepudding gefüllt und mit gerösteten Mandeln, Pinienkernen und Puderzucker belegt wird. Es gibt natürlich Dutzende von Varianten.

Für die Füllung bereiten Sie aus 1 l Milch einen Vanillepudding.

Für den Teig:
- 350 g Weizenmehl
- 1½ Teelöffel Backpulver
- 1 Ei, 1 Eigelb
- 75 g Zucker
- 100 g Butter
- blättrig geschnittene Mandeln und Pinienkerne
- Puderzucker

Stellen Sie zuerst den Vanillepudding wie üblich her. Pudding in eine Schüssel füllen und die Oberfläche mit Butter bestreichen, damit sich keine Haut bildet. Abkühlen lassen.

In der Zwischenzeit Mandeln und Pinienkerne auf einem Backblech leicht anbräunen.

Für den Mürbeteig Mehl und Backpulver durch ein Sieb auf ein Backbrett sieben. In die Mitte des entstandenen Häufchens eine Vertiefung drücken, alle übrigen Zutaten hineingeben. Das Ganze mit den Händen zum Teig verkneten, daraus einen Ball formen und im Kühlschrank 30 Minuten ruhen lassen. Anschließend den Teig halbieren, die erste Hälfte kreisförmig ausrollen und in eine Springform von ca. 20,5 cm legen. Den Rand etwa 1 cm hoch stehen lassen. Die Füllung auf den Kuchenboden gießen, in der Mitte etwas höher. Die zweite Teighälfte passend ausrollen und vorsichtig auf die Füllung legen. Tortenrand gut andrücken, überstehende Reste abschneiden. Mit Mandeln und Pinienkernen belegen und im vorgeheizten Backofen bei 180° C (Gas: Stufe 4) 25–30 Minuten goldbraun backen. Abkühlen lassen, mit reichlich Puderzucker bestäubt servieren.

* Eine sehr gute Variante dieser Torte findet man in der kleinen Trattoria IL LORDO, direkt neben dem Hauptplatz von Fiesole.

4
Einfache Gerichte
Einige der besten toscanischen Rezepte sind sehr leicht zuzubereiten

Im BORGO ANTICO, in Florenz, wird ein delikater Salat aus frischenthülsten *fave* mit Pecorino und Schinkenscheiben angeboten. Die Zutaten werden in Olivenöl gemischt und mit Pfeffer bestreut serviert.

Das IL CIBREO in Florenz ist eine Trattoria, die sich in der Nähe des Sant'Ambrogio-Marktes befindet. Hier wird frischer Ricotta mit Majoran gemischt, geriebener Pecorino darübergestreut und das Ganze dann goldbraun gegrillt.

Den traditionellen Abschluß eines toscanischen Essens bilden u. a. geschälte Birnen mit Pecorino. Junger Pecorino kann gummiartig sein; fragen Sie deshalb nach *piccante*, der Parmesan etwas ähnelt und gut zu reifen Birnen paßt.

Bei *fettunta* oder *bruschetta* handelt es sich um eine Scheibe Brot, die über offenem Feuer geröstet wird. Anschließend wird sie mit einer Knoblauchzehe abgerieben, mit Olivenöl beträufelt, mit Salz und Pfeffer bestreut oder zusätzlich mit Tomaten und Basilikum belegt.

ALBERGACCIO MACHIAVELLI

Genau gegenüber der Trattoria in S. Andrea in Percussina liegt die Villa, in der Niccolò Machiavelli – berühmt und berüchtigt durch sein Buch »Il Principe« – 15 Exiljahre verbringen mußte. Die kleine Trattoria besticht durch guten Wein, Knoblauchbrot und die ausgezeichneten *Fagioli all'Uccelletto*.

FAGIOLI all'UCCELLETTO

Weiße Bohnen mit Salbei (4)

Dieses berühmte toscanische Gericht heißt möglicherweise *all'uccelletto*, weil die Bohnen ähnlich wie Wachteln und Rebhühner zubereitet werden. Das Rezept stammt von einem echten Machiavelli: Leonardo, der behauptet, zu den letzten Überlebenden seiner Familie zu gehören, ist zwar auch ein politischer Denker, ansonsten aber eher für die Herstellung des Vino Santo und des edlen Carmignano-Weins bekannt. Diese ausgezeichneten Weine werden in einem kleinen Gebiet in der Nähe der Medici-Villa von Poggio a Caiano, nördlich von Florenz, angebaut. Außerhalb Italiens sind sie zwar kaum erhältlich, dafür ist die Auswahl in der *enoteca* (Weinhandlung) im Zentrum von Poggio a Caiano um so größer. Darunter befindet sich eine Carmignano-Sorte aus der von Leonardo geleiteten FATTORIA AMBRA, die ihm eine Goldmedaille einbrachte.

1 kg frische weiße *Toscanelli*-Bohnen oder
400 g getrocknete weiße Bohnen
400 g geschälte Tomaten
2–3 Knoblauchzehen
Olivenöl
5 oder mehr Salbeiblätter
Salz und frisch gemahlener schwarzer Pfeffer

Getrocknete Bohnen über Nacht einweichen, dann abspülen. Oder wenn Sie frische Bohnen verwenden, diese aus der Hülle schälen und waschen. In leicht gesalzenem Wasser 30–40 Minuten kochen. In einer mittelgroßen, feuerfesten Kasserolle ein paar Eßlöffel Olivenöl erhitzen, dann Knoblauch, Salbei und Pfeffer darin anbräunen. Bohnen dazugeben und einige Minuten gut umrühren. Die grob gehackten Tomaten und Salz nach Geschmack hinzufügen, bei geschlossenem Deckel 15 Minuten weiterkochen lassen.

Übrigens: Dieses Rezept läßt sich verwandeln, indem man pro Person zwei pikante Würstchen auf kleiner Flamme anbräunt, sie aus der Pfanne nimmt, und dann mit dem oben beschriebenen Rezept fortfährt. Das Olivenöl wird allerdings durch das Fett der Würste ersetzt. Nach etwa 10 Minuten die Würstchen wieder hineinlegen, und 4 Eßlöffel Rotwein dazugeben.

Oben: Trauben für Vino Santo trocknen auf Strohmatten im Dachboden von Leonardos Landhaus in der Nähe von Poggio a Caiano.

ANITRA con VINO SANTO

Ente mit Vino Santo (4)

Jeder toscanische Weinhersteller produziert seinen eigenen Vino Santo, den ›heiligen Wein‹. Wegen des langwierigen, komplizierten Fabrikationsverfahrens ist er außerhalb der Toscana kaum erhältlich. Die verwendeten Trauben müssen halb getrocknet sein und der Wein wenigstens drei Jahre reifen, ehe er ans Tageslicht geholt wird. Wenn von bester Qualität, besitzt er einen wundervoll rauchigen Geschmack, ähnlich altem Sherry oder Madeira; er wird gewöhnlich als Dessertwein mit *Biscotti di Prato* gereicht (S. 36).

1 Ente von ca. 1,8 kg mit Innereien
2 Weingläser Vino Santo (oder guter, halbtrockener Sherry)
1 Zwiebel
1 Stange Sellerie
1 Möhre
4 Salbeiblätter
150 g Schinkenspeck
Olivenöl
Salz
weißer Pfeffer
400 ml Hühner- oder Rinderbrühe

Zwiebel, Sellerie, Möhre, Salbei und Schinkenspeck zerkleinern und in einer feuerfesten Kasserolle mit dem Öl erhitzen.
Wenn das Gemüse glasig und weich ist, wird die in Stücke zerteilte Ente dazugegeben und rundum angebräunt. Mit Salz und weißem Pfeffer abschmecken, und den Vino Santo hineingießen. Bei geschlossenem Topf auf niedriger Hitze einige Minuten kochen lassen. Dann die Hälfte der Brühe und die feingehackte Entenleber hinzufügen, wieder bedecken, und etwa eine Stunde weiterschmoren. Den Fond ab und zu mit einigen Eßlöffeln Brühe auffüllen; achten Sie aber darauf, daß die entstehende Soße nicht zu dünnflüssig wird. Am besten das Gericht anschließend abkühlen lassen und dann das Fett abschöpfen. Nach dem Abschöpfen wieder erwärmen, und die Soße z. B. über Makkaroni geben. Die Ente läßt sich als zweiten Gang mit *Fagioli all'Uccelletto*, oder für ein leichteres Essen mit Spinat oder Mangold servieren.

Ein hervorragender toscanischer Vino Santo stammt vom AVIGNONESI-Gut. Es werden nur 1000 Flaschen jährlich davon verkauft, der Wein läßt sich aber auch im dazugehörigen und ganz ausgezeichneten Restaurant LA CASA NUOVA bei Chianciano probieren.

BIETOLE e SPINACI con PINOLI

Mangold und Spinat mit Pinienkernen (4)

½ kg Spinat
½ kg Mangold
1 Knoblauchzehe, zerkleinert
eine kleine Handvoll Pinienkerne
eine kleine Handvoll Rosinen
Salz und Pfeffer
Olivenöl

Spinat und Mangold in getrennten Töpfen gerade garkochen (etwa 15 Minuten). Das Gemüse gut abtropfen lassen, zu einem Ball zusammendrücken und anschließend grob zerhacken. In der Zwischenzeit Öl, Knoblauch, Pinienkerne und Rosinen in einer Pfanne langsam schmoren lassen. Jetzt das Gemüse zugeben und einige Minuten köcheln lassen, damit der Geschmack ganz durchzieht. Heiß mit frisch gemahlenem schwarzen Pfeffer servieren.

VILLA I TATTI

Gegen Ende des letzten Jahrhunderts fuhr der damals noch junge Kunsthistoriker Bernard Berenson jeden Morgen mit dem Fahrrad von seiner florentinischen Pension los; die Taschen voller Kerzen, wollte er die dunklen Winkel unbekannter Kirchen ergründen. Bei Sonnenuntergang kehrte er zurück und schrieb seine Entdeckungen nieder, die ihn eines Tages berühmt machen sollten. In späteren Jahren des Wohlstandes wurde seine schöne Villa I TATTI nahe Florenz zum Treffpunkt durchreisender Maler und Schriftsteller. Heute ist sie ein Studienzentrum (Touristen können über das italienische Fremdenverkehrsamt in Florenz einen Besuch vereinbaren) für auserwählte Studenten. In dieser Umgebung notierte ich ein Vorspeisen-Rezept, das es ähnlich schon in der Renaissance gegeben hat. Es ist besonders wohlschmeckend zusammen mit anderen typischen *antipasti* wie *crostini*, *prosciutto*, Oliven oder einem Salat aus Bohnen und Käse.

INVOLTINI di SALVIA

Salbei-Röllchen

Für jedes Salbeiröllchen nimmt man zwei große Salbeiblätter und eine Anchovis. (Die Anchovis sollte 30 Minuten gewässert werden, um das Salz zu entfernen.) Anchovis zwischen die Salbeiblätter legen, aufrollen und mit einem Zahnstocher sichern. Jede Rolle zuerst in geschlagenes Ei, dann in Mehl tauchen und zuletzt in heißem Öl ausbacken.

BISCOTTI di PRATO

Plätzchen aus Prato

Toscanische Abendessen werden gewöhnlich mit diesen äußerst harten, ovalen Plätzchen abgerundet, die sich, in Vino Santo getaucht, in einen delikaten Nachtisch verwandeln. Sie sollten hart und trocken sein (im luftdichten Behälter halten sie sich monatelang), was die Bäcker in Prato durch den Zusatz von Natrium Bicarbonat, einem altmodischen Konservierungsstoff, erreichen. In Italien werden diese Plätzchen selten ohne Vino Santo gereicht, falls Sie keinen zur Verfügung haben, können Sie statt dessen auch süßen Sherry nehmen.

* *Biscotti di Prato* kann man zwar verpackt im Laden kaufen, es fehlt ihnen allerdings im Vergleich zu diesen hausgemachten an Aroma und Konsistenz.

190° Umluft ; 15 Min. + 15 Min.

500 g Zucker
500 g Weizenmehl
200 g gehäutete Mandeln
150 g Pinienkerne
4 Eier, geschlagen
1 Teelöffel geraspelte Orangenschalen
½ Teelöffel Backpulver
Salz
Butter

Den Backofen auf 190° C (Gas: Stufe 5) vorheizen. Die Mandeln einige Minuten im Ofen rösten und dann mit den Pinienkernen grob zerhacken. Das Mehl auf ein Backbrett sieben, Eier, Backpulver, Zucker und eine Prise Salz hineingeben und zusammenkneten, dann die Nüsse untermischen. Den Teig zu Rollen von ca. 1 cm Dicke formen, auf ein gefettetes, bemehltes Backblech legen und ungefähr 15 Minuten backen. Anschließend herausnehmen, die Rollen diagonal durchschneiden, ungefähr 1 cm breit, und weitere 25 Minuten braunbacken.

BORGO ANTICO

Das kleine Bierhaus Borgo Antico auf der Piazza Santo Spirito in Florenz, bietet die moderne Version eines echten Renaissance-Gerichtes an – allerdings ohne die verheerende Wirkung des Originals.

CIBREO

Ragout mit Ei-Zitronensauce (4)

Cibreo gehörte zu Caterina de' Medicis Lieblingsspeisen. Einer Überlieferung zufolge wäre sie eines Tages nach dem Genuß zu vieler gehäufter Teller fast an Magenverstimmung gestorben. Wenn man bedenkt, daß *Cibreo* damals aus Leber, Nieren, Hoden und Hahnenkämmen gemacht wurde, ist das kaum verwunderlich!

500 g Hühnerleber, grob gehackt
1 kleine Zwiebel oder Lauch, sehr fein gehackt
50 g Butter
2 Eigelb
Saft einer ½ Zitrone
Mehl
Salz und Pfeffer
ein wenig Hühnerbrühe

Die Butter in einer mittelgroßen Pfanne zerlassen, die Zwiebel darin weich, aber nicht braun dünsten. Die Leber in Mehl wälzen, mit Salz und Pfeffer in die Pfanne geben und auf niedriger Hitze braten. Wenn nötig, einige Eßlöffel Hühnerbrühe dazugießen. In der Zwischenzeit Eigelb und Zitronensaft verrühren. Die gerade durchgebratene Leber vom Feuer nehmen und die Eimischung hinzugeben. Zwei Minuten stehenlassen, dann mit Toast als leichte Vorspeise oder Mittagessen servieren.

PAN di ROSMARINO

Rosmarinbrötchen

Das duftende *Pan di Rosmarino* ist ein süßes Brötchen, das bei florentinischen Kindern während der Osterfeiertage sehr beliebt ist. Um die Brötchen herzustellen, geben Sie zu den Brotzutaten auf Seite 67 noch 75 g Zucker. Den Teig bereiten und an einem warmen Ort gehenlassen, bis er sich in der Größe verdoppelt hat. Dann 2 Weingläser Olivenöl, in dem vorher 2 frische Rosmarinzweige langsam erhitzt wurden, 100 g Rosinen sowie 2 Eßlöffel feingehackte Rosmarinblätter dazugeben, verkneten und den Teig zu Brötchen formen. Diese auf ein gefettetes Backblech setzen, kreuzförmig einritzen und nochmals gehenlassen. Mit geschlagenem Ei bestreichen und im vorgeheizten Backofen (200° C/Gas: Stufe 6) 20–30 Minuten goldbraun backen.

Das Chianti-Land

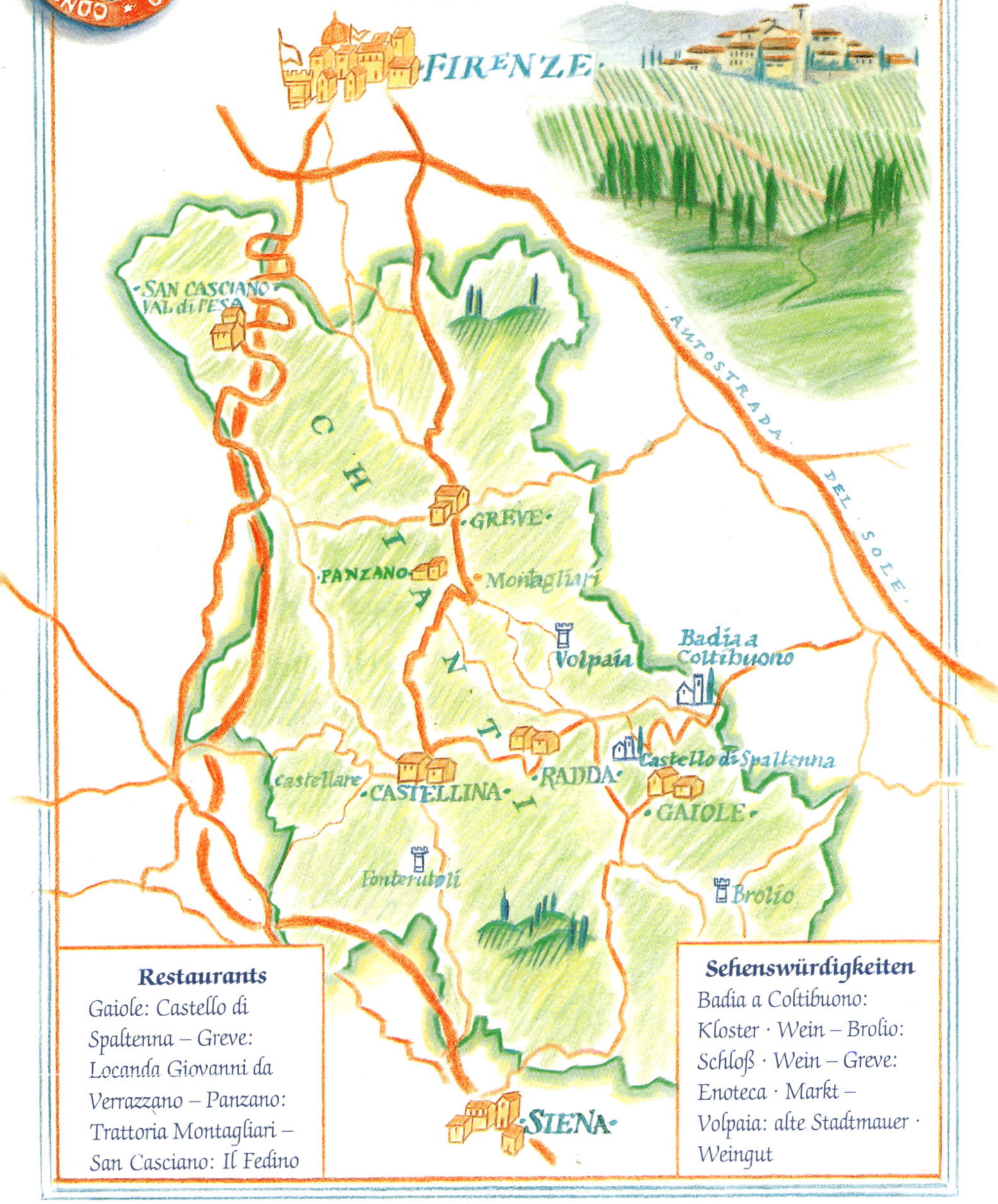

Restaurants

Gaiole: Castello di Spaltenna – Greve: Locanda Giovanni da Verrazzano – Panzano: Trattoria Montagliari – San Casciano: Il Fedino

Sehenswürdigkeiten

Badia a Coltibuono: Kloster · Wein – Brolio: Schloß · Wein – Greve: Enoteca · Markt – Volpaia: alte Stadtmauer · Weingut

· EINFÜHRUNG ·

Das Chianti-Gebiet reicht nördlich von Florenz bis Pisa im Westen, südlich bis Chiusi und östlich bis Arezzo. Die Seele des Chianti ist jedoch das Areal der mit Pinien, Zypressen und Olivenbäumen bewachsenen Hügel zwischen Florenz und Siena. Es ist die Domäne der Chianti-Liga, eines im 13. Jahrhundert von den freien Gemeinden Castellina, Radda und Gaiole unter der Schirmherrschaft von Florenz geschlossenen Bündnisses, das ihre Interessen schützen sollte. Das Chianti-Land gehörte zu den ersten Gegenden, die Weinkontrollen einführten, und war im Mittelalter ständig in Kriege verwickelt.

Von der turbulenten Vergangenheit finden sich kaum noch Spuren. Sogar das Castello di Volpaia, ein mittelalterliches Schloß, das Schauplatz zahlreicher gewalttätiger Auseinandersetzungen zwischen Florenz und Siena war, ist jetzt wegen seiner Kunstausstellungen, die in einer Kirche aus dem 12. Jahrhundert stattfinden, ein Begriff.

Volpaia gehört zu den hübschesten von Mauern umgebenen Bergdörfern und ist für gute Weine bekannt, die bis auf das 15. Jahrhundert zurückgehen. Überhaupt gibt es in der Region zahlreiche Schlösser und Dörfer, die seit dem Mittelalter unverändert geblieben sind. Die meisten verkaufen ihre eigenen Weine, Olivenöle und andere lokale Produkte wie Seifen oder Eau de Colognes aus Olivenöl und Lavendel, in der Chianti-Gegend *Spigo* genannt. Schmale staubige Wege verbinden Weinberge mit ockerfarbenen Bauernhäusern, Höfe mit ummauerten Dörfern und diese schließlich mit den größeren Weinorten. Ursprünglich waren nur Radda, Castellina und Gaiole ›richtige‹ Chianti-Städte. Mittlerweile gehört Greve, an der reizvollen Via

Chiantigiana (der SS 222) gelegen, als wichtigste Marktmetropole mit dazu. Jeden September findet hier auf der charmanten Piazza Matteotti aus dem 17. Jahrhundert ein lebhaftes Weinfest statt. In der ENOTECA DI GALLO NERO sind sämtliche Chianti Classici erhältlich, man erkennt die vom DOC registrierten Weine am schwarzen Hahn auf dem Etikett. Die Weine mit dem *gallo nero* sind nicht die einzigen guten Chianti-Weine, der schwarze Hahn garantiert nur, daß die Qualität den DOC-Normen entspricht. Die *Denominazine di Origine Controllata* wurde von einigen Chianti-Herstellern gegründet und ist das italienische Äquivalent zum französischen *Appellation-Controllé-System*.

Die Geschichte des Chianti ist fast so alt wie die Region selbst. Als die strohumhüllte Flasche etwa 1860 berühmt wurde, war sie mindestens schon 600 Jahre so produziert worden. Möglicherweise waren Mönche die ersten Chianti-Hersteller. Die Brüder der schönen Abtei Badia a Coltibuono (heute ein Weingut) begannen damit bereits im 12. Jahrhundert und setzten die Tradition jahrhundertelang fort. Im Castellare-Gut bei Castellina wurden Weißweintrauben lange vor der Regentschaft Lorenzo de'Medicis im 15. Jahrhundert angebaut. Mönche des San-Niccolo-Klosters bearbeiteten den steinigen Boden von Weinbergen, die immer noch gute Erträge liefern.

Der Chianti hat sich im Laufe der Zeit wesentlich entwickelt und verändert. Im 19. Jahrhundert stellte Baron Ricasoli vom Castello di Brolio ein Grund-Rezept für den Verschnitt von weißen und roten Trauben auf, das dem Chianti seinen charakteristischen Geschmack gab. Daß der Wein zu den berühmtesten der Welt zählt, bringt aber auch bestimmte Probleme mit sich: Streitigkeiten zwischen den Weinerzeugern, was Qualitätskontrollen angeht, in manchen Fällen das fehlende Interesse an modernen Techniken und der übermäßige Einsatz von schnellwachsenden Traubenarten haben einige Sorten fade und blaß werden lassen. Das hat seinem Ruf zwar geschadet, er ist jedoch dank der Bemühungen junger Weinhersteller, den Geschmack ständig zu verfeinern, und gleichzeitig die ursprüngliche volle Qualität beizubehalten, immer noch beliebt.

Nahrungsmittel und Kochkunst besitzen im Chianti die gleiche Vielfalt. Aber eine gute Mahlzeit kann auch einfach aus etwas frischem Ricotta und einer Handvoll winziger, rubinroter Walderdbeeren bestehen, die gepflückt und noch sonnenwarm am steilen Berghang verspeist werden. Manche

· VIER · CHIANTI · STÄDTE ·

GAIOLE

RADDA

CASTELLINA

GREVE

Dorf-Trattoria bietet selbstgemachten salzigen Pecorino und jungen, herben Chianti zu einer Mahlzeit frischer Oliven von den Bäumen der Umgebung, vielleicht auch einen Teller hausgemachte Pasta mit einem Stück knusprigem Brot, um die Sauce aus Olivenöl und Salbeiblättern auftunken zu können. Oder üppige Renaissancegerichte, denkbar für ein Medici-Banquett, werden elegant mit einem milden, alten Chianti *riserva* in den kühlen Gewölben einer Burg serviert. Dies ist das Land, in dem zum Fest während der herbstlichen Jagdsaison ein ganzes Wildschwein am Spieß kein seltener Anblick ist. Der Volksmund meint sogar, das Wort Chianti stamme vom lateinischen *clangor*, welches das Geschmetter einer Trompete bei der fürstlichen Jagd beschreibt.

Mehr als irgendwo anders in der Toscana ist der Wein im Chianti ein nicht wegzudenkender Teil des Lebens. Die Menschen essen, trinken, sprechen und schlafen ihn. Man reicht eher Essen zum Wein als umgekehrt. Trotz des großen Enthusiasmus' und der hervorragenden Ergebnisse gibt es keinen eigentlichen Weintourismus in der Gegend. Die meisten Weingüter heißen Besucher willkommen und haben immer häufiger eine Trattoria oder die rustikalere Osteria auf ihrem Grundstück. Geboten wird neben eigenem Wein und guten, einfachen Mahlzeiten die Aussicht auf Weinberge, Zypressen und mittelalterliche Palazzi.

· CASTELLO · DI · SPALTENNA ·

Neben einer Dorfkirche aus dem 11. Jahrhundert auf einem der weinbedeckten Berge über Gaiole in Chianti, befindet sich das CASTELLO DI SPALTENNA, ein schönes ruhiges Hotel mit Restaurant. Wenn Sie Glück haben und den richtigen Tag erwischen, ist Anna, die örtliche Köchin gerade da. Sie kommt regelmäßig von Gaiole herauf und kocht während der Saison hier einheimische Gerichte, die außerhalb der Toscana eine Seltenheit sind. Anna besitzt außerdem das italienische Talent die Anfertigung von *Gnocchi* und frischer Pasta leicht erscheinen zu lassen – man muß bloß einen Mehlberg bauen, 5 Eier in die Mitte geben, das Ganze mit ein bißchen Wasser durcharbeiten – und fertig ist die Pasta . . .

PANZANELLA

Brot-Tomatensalat (6)

Dieses gehört zu der Sorte von Rezepten, die furchtbar klingen und wunderbar schmecken. Wie viele täuschend einfache toscanische Gerichte hängt es von absolut frischen Zutaten (abgesehen natürlich vom trockenen Brot!) und vom Charakter des jeweiligen Kochs ab. Manche knausrigen Köche verwenden hauptsächlich Zwiebeln und Brot für Panzanella, *am besten wird sie aber mit großen Mengen sehr roter, saftiger Tomaten, die zwischen Juni und Ende August die meiste Reife besitzen. Lassen Sie sich von der Vorstellung trockenen Brotes im Salat nicht abschrecken, drücken Sie es jedoch nach dem Einweichen gründlich aus.*

- 8–10 Scheiben hartes, trockenes Brot
- 6 sehr reife Tomaten, grob zerkleinert
- 2 große Zwiebeln, vorzugsweise rote Zwiebeln, in dünne Scheiben geschnitten
- 2 Stangen Sellerie und Blätter, gewürfelt
- 1 Gurke, in große Stücke zerteilt
- 8 oder mehr frische Basilikumblätter, im Mörser zerstoßen
- gutes Olivenöl
- Salz und Pfeffer
- Rotweinessig

Das Brot 15–20 Minuten in kaltem Wasser einweichen. Gut ausdrücken und in eine Salatschüssel zerkrümmeln. Tomaten, Zwiebeln, Sellerie, Gurke, Öl, Basilikum, Salz und Pfeffer dazugeben, dann im Kühlschrank 2–3 Stunden kühlen. Kurz vor dem Servieren mit Weinessig und weiterem Basilikum durchmischen.

SCHIACCIATA con UVA
Fladen mit Trauben

Die *Schiacciata*, was so viel bedeutet wie flach, gequetscht, ist ein Kuchen, der vermutlich seit den Zeiten der Etrusker zur *vendemmia* (der Weinlese) gebacken wird. Sie wurde – wie so viele Gerichte – erfunden, um Vorhandenes zu verwerten, hier z. B. Teigreste und massenweise blaue Trauben. Falls Sie sich an den Kernen in der *Schiacciata* stören, können Sie auch kernlose Trauben nehmen oder die Trauben entkernen, aber das Ergebnis ist weniger authentisch.

Für den Teig:

500 g Weizenmehl, gesiebt
25 g frische Hefe
1 Prise Salz
60 g Zucker
15 g Sternanis (oder Fenchelsamen)
3–4 Tassen Wasser

Für den Belag:

1 kg große, saftige blaue Trauben, gewaschen
100 g Streuzucker
einige Zweige frischer Rosmarin
6–8 Eßlöffel Olivenöl

Das Wasser erwärmen, die Hefe hinzufügen und einrühren, bis die Mischung glatt ist. Mehl, Salz und Zucker mit dem Anis auf ein Backbrett geben, alles vermischen. In die

Mitte eine Vertiefung eindrücken und die Hefe unterrühren. Wenn die Hefe aufgenommen ist, wird der Teig 5–10 Minuten geknetet, bis er sich glatt und elastisch anfühlt. Er wird nun bedeckt und an einen warmen Ort gestellt. Wenn sich seine Größe verdoppelt hat, fetten Sie ein großes Backblech mit Öl ein. Rollen Sie den Teig so aus, daß er 1 cm hoch ist und ringsum etwas über den Rand des Bleches hängt. Den Teig dick mit Trauben bedecken. Dann mit Zucker bestreuen und mit dem Öl übergießen, nachdem darin das Rosmarin einige Minuten erhitzt wurde. Den überhängenden Teig hochklappen und in die Ecken des Backblechs drücken, damit eine rechteckige Form entsteht. Im vorgeheizten Backofen 30 Minuten bei 175° C (Gas: Stufe 4) backen. Legen Sie vorsichtshalber ein weiteres Blech unter, da der Traubensaft überfließen kann. Mit dem gesammelten Saft wird der Kuchen beträufelt. Abgekühlt und mit Honig bestrichen servieren.

Es gibt eine weitere Methode *Schiacciata* zu machen: in Spaltenna stellt Anna den Teig wie oben beschrieben her und mischt dann die Trauben, das mit Rosmarin erhitzte Öl und zwei Tassen Walnüsse darunter. Sie rollt den Teig zu einer Dicke von 2,5 cm aus und bäckt ihn wie ein knuspriges, flaches Brot (bei gleicher Temperatur). Sind die Trauben wirklich prall, so färbt ihr Saft den Kuchen purpurrot.

FATTORIA DI MONTAGLIARI

Giovanni Cappelli, der Besitzer der FATTORIA DI MONTAGLIARI, einer ausgezeichneten Trattoria mit Weinberg gleichen Namens bei Panzano, ist treuer Kunde der ANTICA MACELLERIA in Greve (Seite 50–51). Sein Koch hat sich auf typische Chiantigiana-Küche spezialisiert, doch kann man Signor Cappelli selbst auch als kulinarischen Experten bezeichnen. Die folgenden Rezepte stammen aus seiner handgeschriebenen Sammlung. Zur FATTORIA DI MONTAGLIARI gehört einer der größten Vinsanterien der Toscana, und der hier produzierte Vino Santo zählt zu den besten seiner Art. Die Riserva 1968 ist besonders gut.

CROSTINI ROSSI

Pikante Tomatencrostini (4)

1 Scheibe Landbrot
1 Knoblauchzehe
1 Eßlöffel Kapern
3 Eßlöffel Olivenöl
grobkörniges Salz
frisch gemahlener schwarzer Pfeffer
Weinessig
3 Eßlöffel frische Petersilie
2 Eßlöffel frischer Thymian
2 große, reife Tomaten, gehäutet
8 Scheiben Baguette oder gebratene Polenta

Das Brot wird in Essig getränkt, gut ausgedrückt und in einem Mörser mit den anderen Zutaten (bis auf die Baguette) zu einer groben Masse zerstampft. Gekühlt auf getoasteter Baguette oder gebratener Polenta servieren (siehe Rezept gegenüber).

CECINA

Kichererbsenbrot (4)

250 g Kichererbsenmehl
1 l Wasser
½ Glas Olivenöl
Salz

Das Mehl in eine Schüssel sieben, in die Mitte eine Vertiefung eindrücken und langsam das Wasser dazugeben; dabei die ganze Zeit rühren, damit sich keine Klumpen bilden. Öl und Salz einrühren. Die Masse wird in eine flache Backform gegossen, nicht mehr als 1 cm hoch. Im vorgeheizten Backofen bei 230° C (Gas: Stufe 8) goldbraun backen. In dreieckige Stücke schneiden und mit reichlich schwarzem Pfeffer bestreut servieren.

SALSA di NOCI

Walnuß-Sauce für Pasta (6)

Von diesem Saucenrezept glaubt Giovanni Cappelli, es gehe mindestens auf das 14. Jahrhundert zurück. In seinem Restaurant reicht man die Sauce zu Tortellini; für flache Pasta – wie Bandnudeln – eignet sie sich jedoch auch ausgezeichnet.

200 g Walnüsse
50 g Pinienkerne
2 Knoblauchzehen
3 Basilikumblätter oder mehr, je nach Geschmack
2 Eßlöffel Paniermehl
300 ml Milch oder mehr, ausreichend für eine Sauce von der Konsistenz schwerer Sahne
3 Eßlöffel Olivenöl
Salz und Pfeffer

Wenn Sie sich wie im 14. Jahrhundert fühlen möchten, können Sie die obengenannten Zutaten im Mörser zerstoßen. Mit dem Mixer geht es schneller, wenn auch weniger romantisch. Die Sauce auf die Nudeln geben, mit ganzen Walnüssen und Basilikumblättern garniert servieren.

POLENTA FRITTA

Gebratene Polenta (4–6)

Polenta ist ein Maismehlbrei, den man eher in Norditalien als in der Toscana schätzt. Toscanische Köche bevorzugen ihn abgekühlt, in rautenförmige Stücke geschnitten und goldbraun gebraten unter schweren Wildsaucen oder um Toast in Vorspeisen zu ersetzen.

200 g grobgemahlenes Maismehl
Salz
Öl zum Braten

1 Liter Wasser in einem Topf zum Kochen bringen. Salz hinzufügen und die Hitze drosseln. Wenn das Wasser zu sieden beginnt, das Maismehl in einem dünnen Rinnsal unter ständigem Rühren mit dem Holzlöffel, damit keine Klumpen entstehen, hineinlaufen lassen. Ungefähr 15–20 Minuten weiterrühren. Die Polenta ist fertig, sobald sie sich vom Topfrand löst. Jetzt wird sie sofort in eine flache Backform gegossen, nicht höher als 1 cm, und glattgestrichen. Wenn sie kalt genug zum Schneiden ist, in rautenförmige Stücke schneiden und in heißem Öl braten, bis beide Seiten von transparent-gelber Farbe und knusprig sind.

· Antica · Macelleria · Falorni ·

Genau am Marktplatz von Greve befindet sich die Antica Macelleria Falorni, eine Metzgerei, neben der wohl jeder gestreßte Gastgeber gerne wohnen würde. Das Geschäft wurde 1840 eröffnet und ist mittlerweile in ganz Italien für die hohe Qualität seines Fleisches bekannt. Die Besitzer, Lorenzo und Stefano Bencista, sind stolz darauf, daß jeden Morgen 60 verschiedene Fleischstücke, nach den Rezepten ihrer Mutter mit frischen Kräutern, Wacholderbeeren, Tomaten und rotem Paprika zubereitet, zur Auswahl stehen. Ihre beliebte *Finocchiona*, eine Fenchel-Wurst, wird nicht mit dem üblichen kultivierten Fenchel, sondern mit einer zarten, wildwachsenden Fenchelart gemacht, die man in den Chiantihügeln findet. Am erstaunlichsten ist jedoch die Tatsache, daß sie noch immer *Prosciutto alla Casalinga sotto Cenere* nach einem alten und völlig unwirtschaftlichen Rezept herstellen, den es sonst nirgendwo mehr zu kaufen gibt. Dafür wird der Schinken erst mit dem Datum gestempelt und dann unter Holzasche bis zu zwei Jahren vergraben. Ursprünglich bewahrten die Bauern so ihr Schweinefleisch während der Sommermonate auf, um es dann rosig und zart im langen, kalten Winter essen zu können.

Lorenzo sagt, er bliebe dabei nicht um Geld zu verdienen – die Herstellung großer Mengen ist unmöglich – sondern »rein wegen der Befriedigung, alte Traditionen lebendig zu erhalten«. Die Antica Macelleria Falorni exportiert Wildschweinwürste und Schinken in alle Länder.

ARISTA di MAIALE ARROSTO

Gebratener Schweinerücken (6)

Nach der *Bistecca fiorentina*, dem berühmtesten toscanischen Fleischgericht, ist dieses Rezept das nächste. *Arista* ist das toscanische Wort für Schweinerücken und in der MACELLERIA FALORNI schneidet man den Rücken so, daß lange Knochen an den Koteletts bleiben. Diese dienen dann quasi als natürliches Grillgestell. In manchen Restaurants wird dieser Braten aus knochenlosem Schweinefleisch gemacht.

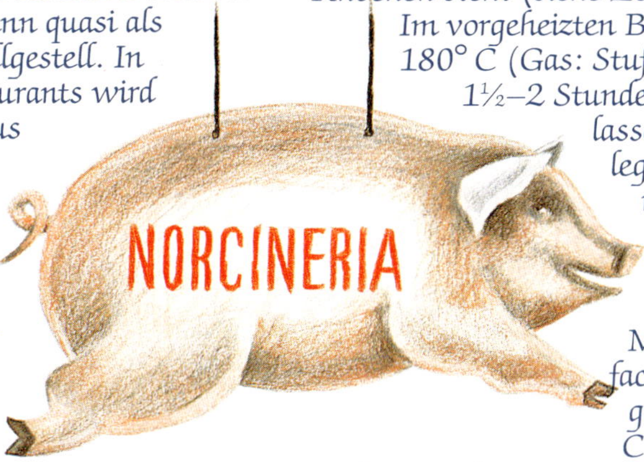

- 2 kg Schweinerücken
- 2 Knoblauchzehen
- Olivenöl
- 2 Zweige frischer Rosmarin
- 1 Weinglas Weißwein
- Meersalz
- schwarzer Pfeffer, grob gemahlen

Knoblauch und Rosmarin zusammen fein hacken. Mit einem scharfen Messer das Fleisch am Knochen mehrmals einschneiden und die Taschen mit den Kräutern füllen. Das Fleisch ringsum nur leicht einkerben und mit reichlich Salz, Öl und Pfeffer einreiben, damit die Kruste knusprig wird. Den Wein in die Fettpfanne des Backofens gießen und das Fleisch so hineinstellen, daß es auf den Knochen steht (siehe Zeichnung). Im vorgeheizten Backofen bei 180° C (Gas: Stufe 7) 1½–2 Stunden garen lassen, gelegentlich mit dem Bratensaft begießen. Mit einfachen, gekochten Cannellini-Bohnen und einem Krug Olivenöl (zum Übergießen, je nach Geschmack) reichen. Sie können statt Olivenöl das Fett vom Bratensaft abschöpfen und diesen dann über die Bohnen geben.

STUFATINO di VITELLO

Kalbsragout (4–6)

700 g schieres Kalbfleisch, gewürfelt
1 Glas Weißwein
Olivenöl
Salz und Pfeffer
¼ Pfefferschote, fein gehackt
1–2 große, reife Tomaten, gehäutet, entkernt und kleingeschnitten oder, wenn die Tomaten nicht aromatisch sind, 3 Eßlöffel Tomatenmark
2 Knoblauchzehen, zerkleinert
3 Eßlöffel gehackte Petersilie
Mehl

Knoblauch und Pfefferschote in einer schweren Kasserolle in Öl bräunen; dann das gut mit Mehl bestäubte Kalbfleisch dazugeben und anbräunen. Löschen Sie mit dem Wein ab. Wenn er fast eingekocht ist, kommen die Tomaten oder das Tomatenmark hinzu. Nach Geschmack abwürzen und bei niedriger Hitze im geschlossenen Topf garen (etwa eine Stunde). Die Petersilie vor dem Servieren unterrühren. Schmeckt großartig mit gebratener Polenta und *Fagioli all'Uccelletto* (S. 30). Mit einer in zarte Scheiben geschnittenen Fenchelknolle, die man 10 Minuten vor dem Ende des Kochens hinzufügt, hat man eine feine Variante der klassischen Version des Gerichts.

POLPETTINE

Toscanische Fleischbällchen (6)

Jedes Land hat seine eigenen Fleischbällchen. In der Toscana heißen sie *polpettine*, wenn sie klein sind. Wenn sie fast die Größe von Frikadellen haben – das kommt oft vor – nennt man sie

polpette. Eine Hackfleischpastete oder ein Hackbraten heißt *polpettone*. In der LOCANDA DELL' AMOROSA bei Siena serviert man kleine, würzige *polpettine*, knusprig fritiert – eine heiße Vorspeise in den Wintermonaten.

500 g gekochtes Schweine- oder Rindfleisch, gewürfelt
75 g geriebener Parmesan oder Pecorino
100 g roher oder gekochter Schinken
2 Tomaten, gehäutet und entkernt
2 geschlagene Eier
eine Handvoll gehackte Petersilie
4 Salbeiblätter, fein gehackt
Saft einer Zitrone
Salz und Pfeffer
½ Teelöffel Muskat
(nach Wunsch 1 Prise Zimt)
Mais- oder Paniermehl
Öl zum Fritieren

Fleisch und Tomaten mit dem Fleischwolf oder der Küchenmaschine fein zerkleinern und gut mit den anderen Zutaten verkneten. Dann formen Sie kleine Kugeln von höchstens 2,5 cm Durchmesser und rollen sie in Maismehl oder – noch besser – in Paniermehl. Immer nur ein paar auf einmal so lange in Öl fritieren, bis sie knusprig und goldbraun sind. Gut abtropfen lassen und mit den anderen Antipasti heiß servieren.

Wenn Sie gleich morgens in die ANTICA MACELLERIA gehen, treffen Sie da die Hälfte aller Köche und Restaurantbesitzer der Gegend. Auch Rossella Rossi, die Inhaberin der LOCANDA GIOVANNI DA VERRAZZANO in Greve, kauft hier ein. Aus dem exzellenten Kalbfleisch der Brüder Bencista bereitet sie die ungewöhnliche Variante eines klassischen toscanischen Gerichts zu. Das Rezept für *Stracotto* (verkocht) stammt aus einem alten florentinischen Kochbuch und soll auf das 17. Jahrhundert zurückgehen.

STRACOTTO al CHIANTI CLASSICO

Schmorbraten in Rotwein (6)

2 kg Kalbsfilet
75 g Pinienkerne
75 g Rosinen
75 g gehäutete und geröstete Mandeln
½ Pfefferschote, gehackt
1 Zwiebel, fein gehackt
1 Möhre, fein gehackt
1 Flasche Chianti Classico
2 Knoblauchzehen
eine Handvoll Petersilie
½ l Fleischbrühe
Salz und Pfeffer

DA · VERRAZZANO ·

Dünsten Sie Zwiebel, Pfefferschote und Möhre in einer tiefen Kasserolle in Öl. In der Zwischenzeit hacken Sie Pinienkerne, Rosinen, Knoblauch und Petersilie – nicht zu fein. Mit einem kleinen, scharfen Messer das Fleisch rundum einkerben und die Taschen mit der Hälfte der Mischung aus Pinienkernen, Rosinen, Knoblauch und Petersilie füllen. Dann wird das Fleisch mit Faden in eine gefällige Form geschnürt und von allen Seiten in der Kasserolle angebraten. Wein und die andere Hälfte der Pinienkernmischung zugeben und so mit Brühe auffüllen, daß das Fleisch gerade bedeckt ist. Anschließend bei geschlossenem Topf schmoren – mindestens zweieinviertel Stunden. Dabei immer so viel Brühe nachgießen, daß das Fleisch bedeckt ist. Vom garen Stück Fleisch die Verschnürung entfernen und es in dünne Scheiben schneiden. Die Sauce einkochen und über das Fleisch geben. Als Beilage Nudeln und frisches Gemüse.

Ristorante Il Fedino

In der betriebsamen Stadt San Casciano im Val di Pesa haben die Einheimischen ihren ganz besonderen Treffpunkt, das Ristorante Il Fedino in einer Villa aus dem 15. Jahrhundert, an der Straße nach Florenz. Hier serviert man in den kühlen, alten Weinkellern unter der Wohnung der Wirtsfamilie vorwiegend Deftiges. Spezialität ist das gefüllte Kaninchen.

CONIGLIO RIPIENO

Gefülltes Kaninchen (6)

1 großes Kaninchen, ausgenommen, entbeint und flachgeklopft
2 Eier
2 Eßlöffel geriebener Parmesan oder Pecorino
½ Teelöffel geriebener Muskat
einige Zweige frischer Thymian
¼ l Fleischbrühe
Olivenöl
Butter
grobkörniges Meersalz
Pfeffer

Bitten Sie Ihren Metzger, das Kaninchen auszunehmen und zu entbeinen. Schlagen Sie die Eier mit Salz und Pfeffer auf, und bereiten Sie daraus in Butter ein dünnes Omelett zu. Legen Sie das Omelett auf das flachgeklopfte Kaninchenfleisch, obenauf kommen Butterflöckchen, Käse, Muskat und Thymian. Das Fleisch sorgfältig zusammenrollen und verschnüren; mit viel Salz und Pfeffer einreiben. Einige Eßlöffel Olivenöl in einer flachen, feuerfesten Kasserolle erhitzen und das Kaninchen rundum anbräunen lassen. Dann mit der Brühe ablöschen und die Hitze drosseln. Bei geschlossenem Topf soll das Fleisch 1½ Stunden schmoren, der Fond wird ab und zu mit Fleischbrühe aufgefüllt. Ist das Fleisch gar, wird es so fein wie möglich aufgeschnitten (vorher natürlich die Schnur entfernen!) und im Bratenfond serviert, garniert mit frischem Thymian.

FEGATELLI di MAIALE

Schweineleber-Spießchen (4)

Dies klassische toscanische Gericht wird entweder in der Pfanne oder auf dem Grill zubereitet. Letzteres gilt für die beiden folgenden Rezepte. Die zweite Variante ist die von FEDINO – dort wird die Leber vor dem Grillen in Scheiben geschnitten und vorgekocht, damit das Fleisch zart bleibt.

4 Zweige von aromatischen Kräutern (zum Beispiel Rosmarin oder Lorbeer) ohne Blätter
500 g Schweineleber
1 Eßlöffel Fenchelsamen
4 Scheiben Brot, gewürfelt
Olivenöl
ein knappes Pfund Schweinenetz* oder Schinkenspeck
eine Handvoll frische Salbei- oder Lorbeerblätter
Salz und Pfeffer

1. VARIANTE

Den Fenchelsamen mit Salz und Pfeffer in einem Mörser zerstoßen. Weichen Sie das Schweinenetz eine Weile in Wasser ein und schneiden Sie es dann in Quadrate von etwa 10 cm Kantenlänge. Die Leber wird in bissengroße Stücke geschnitten und in dem Fenchelsamen gerollt. Dann jedes Stück in Netz einwickeln und auf einen Zweig aufspießen. Man wechselt immer ab: Leber, Lorbeer, Leber, Salbei, Leber, ein Würfel Brot, mit Olivenöl getränkt. Über offenem Feuer solange brutzeln lassen, bis der Fettmantel knusprig ist (10–15 Minuten).

2. VARIANTE

Den Fenchelsamen mit Salz und Pfeffer sowie Brotkrumen und drei Salbeiblättern kleinstoßen. Dann die Leber in Stücke schneiden und leicht anbräunen lassen. Gut in der Fenchelmischung rollen, in Schweinenetz einschlagen und nochmals mit einem Salbei- oder Lorbeerblatt umwickeln (wenn Sie getrocknete Blätter verwenden, müssen diese erst eine Zeitlang gewässert werden!). Auf die Spießchen stecken und 10 Minuten grillen (bis der Fettmantel knusprig ist).

* Schweinenetz
Ein netzartiges, zum Teil aus Fett bestehendes Darmgewebe, das auch zur Herstellung von Wurst gebraucht wird. Sie werden es aber nur von Metzgern mit eigener Schlachtung auf Bestellung bekommen. Wenn das nicht klappt – oder wenn Sie Vorbehalte gegen Innereien haben – nehmen Sie zum Einwickeln Schinkenspeck. Das Schweinenetz macht die Leber jedoch besonders zart und saftig.

PINZIMONIO

Olivenöl-Dip

Das Gut CASTELLARE bei Castellina in Chianti verkauft sein Olivenöl in schönen, eckigen Glaskaraffen. Die Etiketten der Wein- und Ölflaschen zieren als unverwechselbares Dekor gemalte Darstellungen aus der Vogelwelt der Chiantigiana. Dem Aroma eines guten Olivenöls kommt man am besten mit Pinzimonio auf die Spur. Das ist nichts weiter als Öl, mit reichlich grobem Meersalz und schwarzem Pfeffer gewürzt. Die Toscaner schätzen es als Dip für frische oder pochierte Gemüse wie etwa Fenchel, Artischocken, rote Paprikaschoten, Spargel.

Mittelalterliche Städte

Restaurants
Arezzo: Buca di San Francesco – Monteriggioni: Il Pozzo – San Gimignano: Ponte a Rondolino – Sinalunga: Locanda dell' Amorosa

Sehenswürdigkeiten
Arezzo: Fresken des Piero della Francesca – M. Oliveto: Abtei aus dem 14. Jh. – Monteriggioni: alte Stadtmauer – San Galgano: Abtei – San Gimignano: mittelalterliche Türme – Siena: Altstadt

· EINFÜHRUNG ·

Der Sage nach ist Siena sozusagen ein Ableger Roms: Senius und Aschinus, die Söhne des Remus, errichteten dort eine Burg, als sie aus Rom geflohen und auf der Suche nach einer friedlichen Bleibe in die Toscana gekommen waren. Außer der Wölfin als wichtigstem Wappentier der Stadt sind in Siena kaum Spuren aus römischer Zeit zu finden. Gotische Kunst und Architektur prägen die Bauten aus dem rotgelben Siena-Ziegel. Die Umgebung – nach Virginia Woolf »die zauberhafteste aller Landschaften« – ist berühmt für ihre melodiöse und klare Sprache, für ihre orientalisch-üppigen Süßigkeiten wie *Panforte* oder *Ricciarelli* und natürlich für den *Palio*, jenes aufs Mittelalter zurückgehende Pferderennen, das die sonst so gelassene, ja verträumte Stadt Siena schon weit vor dem eigentlichen Ereignis in untergründige Aufregung versetzt.

Sienas Geschichte war nicht eben friedvoll. Jahrhundertelang war die Ghibellinenstadt Erzfeind der Florentiner Guelfen. Die Nachbarorte San Gimignano, Monteriggioni, Montepulciano und Montalcino waren immer wieder Schauplätze erbitterter Schlachten der beiden rivalisierenden Stadt-Staaten. 1260 gelang den Sienesen ihr größter Sieg, als die Florentiner bei Montaperti vernichtend geschlagen wurden. Der Jahrestag des Triumphes wird noch heute gefeiert, obwohl seine geschichtlichen Auswirkungen weniger einschneidend waren als die des Sieges, den Florenz neun Jahre danach erfocht. Zwar bedeutete die Niederlage auf längere Sicht das Ende der Blütezeit Sienas, zunächst aber leitete sie das ›Goldene Zeitalter‹ der Stadt ein.

Der ›Rat der Neun‹, der seit 1287 aus dem Bürgertum zu Regenten der Stadt gekürt wurde, sorgte für eine 70jährige Periode des Wohlstands und der Entfaltung der Künste. Der im späten 12. Jahrhundert begonnene Dom wurde zu großen Teilen fertiggestellt, auch das eindrucksvolle, moscheeartige Innere mit seinem schwarzen und weißen Marmor. Der Marktplatz – *Il Campo* – ist einer der schönsten in ganz Italien. Man betritt den muschelförmigen Platz durch einen der Torbögen am Ende der schmalen Nebengassen. Das Pflaster mit seinem Fischgrätmuster aus roten Backsteinen teilt den Campo in neun Segmente. Der Platz ist umgeben von Palazzi und Bürgerhäusern, in ihrer Mitte der elegante und oft kopierte Palazzo Pubblico. Sein Turm, zu dem 503 Stufen hinaufführen, überragt die Palazzi aus dem

14. Jahrhundert. Vor dem Palio schlägt die Turmglocke wie das Herz der Stadt einen gleichförmigen Rhythmus, der erst wenige Minuten vor dem Start der Pferde verstummt.

Der Herzschlag Sienas, so könnte man vielleicht sagen, ist der Palio; den Palio verstehen, heißt Siena verstehen. Kurz gesagt geht es um folgendes: Am Start auf ungesattelten Pferden sind zehn Reiter, Vertreter von zehn der 17 scharf miteinander rivalisierenden Stadtbezirke (*contrade*), die sich jeweils um die Teilnahme bewerben. Dreimal ist der Campo zu umrunden. Offiziell gibt es nur eine seidene Fahne zu gewinnen, den Palio, und in rund einer Minute ist alles vorbei. Doch in dieser Minute gipfeln die Wünsche und Vorbereitungen eines ganzen Jahres, das dreitägige Fest vor dem Rennen und die – manchmal gewalttätigen – Fehden der *contrade*. Am Ende dieser einen Minute bricht im siegreichen Bezirk ein Begeisterungstaumel aus. Unter Gejohle und Gelächter, mit Gesang und Tränen der Freude ziehen die Einwohner mit dem Palio die ganze Nacht durch die Stadt.

Es ist, als ob man für einige Stunden ins Mittelalter zurückversetzt wäre: Leute fallen vor Aufregung oder wegen der Hitze in Ohnmacht; Reiter verlieren beim Rennen den Halt und stürzen an den Absperrungsplanken zu Tode; Pferde, die mit allerhand Hausmittelchen für

den Wettkampf aggressiv gemacht wurden, kollidieren, brechen ein Bein und müssen erschossen werden. Immer wieder gibt es Kritik, das Spektakel sei barbarisch, und kein Zweifel – es ist barbarisch. Aber wer es einmal gesehen hat, wer vor dem Rennen in einer Kirche verfolgt hat, wie der Priester eines der Pferde segnet und unter dem Geistergesang der Versammelten mit dem Ruf entläßt »Vai cavallino e torna vincitore!« (»Zieh aus, Pferdchen, und komm als Sieger zurück!«), wer die zweistündige mittelalterliche Parade durch die Stadt erlebt hat oder die Ströme von Menschen, die bis zur letzten Minute den Rennplatz überfluten, wer den alten und listigen *Panezio* gesehen hat, der es in seinem Pferdeleben auf nicht weniger als acht Siege beim Palio brachte, wie er sich in der gefährlichsten, fast rechtwinkligen Kurve des Kurses in bedenklicher Schräglage durchs Feld der zum Teil schon reiterlosen Konkurrenten schlängelt, wer nach dem Sieg das durch Mark und Bein fahrende »Daccelo!« gehört hat, den Schrei »Gib ihn uns!«, – auf den wird der Palio seinen Eindruck nicht verfehlen. Er ist so wenig einfach ein Pferderennen wie der Mount Everest nur ein Berg. Er ist kein Ereignis, das sie in Siena eben zweimal im Jahr veranstalten – er *ist* Siena.

Am Abend vor dem Palio gibt es nur *ein* Eßzimmer: die Straße. Jeder Stadtbezirk richtet sein traditionelles Festmahl aus, für 200 bis 300 Gäste, an einem Tisch von mehreren hundert Metern Länge. Die Reiter erfreuen sich der Bewirtung und Aufmerksamkeiten der Mädchen. Als Tischnachbarn verfolgen der vornehme Herr aus altem Stadtadel und der Friseur um die Ecke Ansprachen und Sangesdarbietungen. Und schließlich, wie ein Wunder in all der Betriebsamkeit, kommt das Essen, heiß und köstlich – wenn man nicht überhaupt viel zu aufgeregt ist um zuzulangen. Wenn Sie es trotz Geld und guter Worte nicht schaffen, eine Karte zu ergattern, können Sie immer noch in eines der Restaurants gehen, die ihre Tische ebenfalls auf die Straße räumen und so zu den Gerichten als Beilage Palio-Atmosphäre bieten.

FOCACCIA

Flaches Würzbrot (4–6)

Dieses gesalzene Brot ist nicht nur in der Toscana beliebt, und wenn man einen Preis für den Ursprungsort aussetzte, läge sich wohl die Bäckerzunft ganz Italiens in den Haaren. Besonders delikat wird die *Focaccia* mit eingebackenen Stückchen Schinkenspeck oder Zwiebel.

---

ca. 250 g aufgegangener Brotteig
(siehe Rezept S. 65)
grobkörniges Meersalz
Olivenöl

Ein großes Backblech dünn mit Öl bestreichen und den auf 1 cm Dicke ausgerollten Teig darauflegen. Alle 6 cm drücken Sie ein Grübchen mit dem Finger hinein. Dann kommen noch einmal etwa 5 Eßlöffel Öl und reichlich Salz darüber. Das Brot im vorgeheizten Backofen bei 200° C (Gas: Stufe 6) 20–25 Minuten backen und warm servieren.

PANE TOSCANO
BASSO

PANIFICIO · MODERNO

Die toscanische Pasta ist das Brot. Um Suppen, Eintöpfe oder Saucen zu binden oder anzureichern, wird es viel häufiger verwendet als Mehl oder Nudeln. Ein gutes toscanisches *Pane basso* ist kaum gesalzen, wird mit der Zeit eher hart und trocken als schimmelig und bleibt damit zum Kochen brauchbar. A. Sclavi bietet in seinem PANIFICIO MODERNO zahllose Sorten an, die in alten Weidenkörben ausliegen. Aber auch die frische Pasta ist so gut, daß die LOCANDA DELL'AMOROSA bei Sinalunga früher jedes Wochenende jemanden mit dem Lieferwagen vorbeischickte, um neue Ware zu holen.

PANE BASSO

Toscanisches Landbrot (2 Laibe)

Der Bäcker im PANIFICIO MODERNO verwendet Brauereihefe für sein Brot, aber folgendes Rezept mit frischer Hefe ergibt ein ganz ähnliches Resultat. Wenn sie 100 Gramm Weizenmehl durch Kleie ersetzen, bekommen Sie *Pane integrale*, was unserem Vollkornbrot noch am nächsten kommt.

50 g frische Hefe
½ l Wasser (lauwarm)
900 g Weizenmehl

Lösen Sie die Hefe in einer kleinen Schüssel in 175 ml Wasser auf. Soviel Mehl hinzugeben, daß sich ein geschmeidiger Teig kneten läßt. Zudecken und an einem warmen Platz gehenlassen. Wenn der Teig mindestens die doppelte Große erreicht hat, fangen Sie mit der zweiten Hälfte an. Dazu wird das restliche Mehl auf ein Holzbrett oder eine Marmorplatte gehäuft. In der Mitte machen Sie eine kleine Vertiefung und geben ein bißchen Wasser hinein und das Mehl vom Rand aus hinzu. Wenn die Masse bindet, wird der Hefeteig untergeknetet – 5–10 Minuten gut durchwalken und dabei ab und zu von der Unterlage lösen und wieder kräftig aufklatschen. Der Teig darf anschließend nicht mehr an den Fingern kleben. Eine große Schüssel innen anfeuchten, den Teig hineinlegen, mit einem Tuch abdecken und bis zur doppelten Größe gehenlassen (etwa 30 Minuten). Noch einmal 5–10 Minuten durchkneten und zwei Laibe formen, die weitere 20 Minuten gehen sollen. Dann kommen sie auf einem eingefetteten und mit Mehl bestreuten Backblech in den auf 180° C (Gas: Stufe 4) vorgeheizten Backofen und werden knusprig gebacken.

PANFORTE di SIENA

Würzkuchen aus Siena

Die Geschichte des *Panforte* ist so alt wie Siena selbst, vielleicht sogar älter. Es gibt eine ganze Fülle von Rezepten, von denen manche nach heutigem Geschmack freilich allzu reichlich von Gewürzen Gebrauch machen. Seinerzeit hat man damit wohl versucht, die Haltbarkeit des Brotes zu verlängern oder – wenn sich schon leichter Schimmel bemerkbar machte – den unerwünschten Nebengeschmack zu übertönen. Heute gehört das Panforte mit seinem bunten Einwickelpapier zu Siena wie der Palio. Der Kuchen wird vor Weihnachten gebacken und hält sich in luftdichter Verpackung etwa einen Monat. Man schneidet ihn dünn auf und reicht ihn zum Kaffee, eine verführerische Abwechslung zu anderen Süßigkeiten der Weihnachtszeit. Anstelle des Puderzuckers, wie er im folgenden Rezept verwendet wird, gibt man in Siena auch geschmolzene Schokolade über den Kuchen.

150 g grobkörniger Zucker
200 g geschälte Mandeln
200 g Walnüsse
300 g gemischte kandierte Früchte, kleingehackt
100 g Honig
100 g getrocknete Feigen
60 g Kakaopulver
¼ Teelöffel Korianderpulver
¼ Teelöffel Gewürznelkenpulver
½ Teelöffel Muskatnuß
¼ Teelöffel weißer Pfeffer
¾ Teelöffel Zimt
50 g Mehl
10 große Oblaten

Die Nüsse im heißen Backofen rösten und grob kleinhacken, dann in einer Schüssel mit allen Früchten und Gewürzen, dem Kakao und dem Mehl gut verrühren. Den Honig in einer Saucenpfanne oder einem Topf über kochendem Wasser langsam heiß werden lassen und den Zucker unterschmelzen. So lange ständig rühren, bis man mit den Fingern weiche Kügelchen formen kann (bevor Sie diesen Test machen, tauchen Sie die Hand in kaltes Wasser!). Den Honig über die Fruchtmischung geben und mit den Händen gut durchkneten. Der Teig wird zu einem flachen,

runden Kuchen von rund 2½ cm Dicke geformt.
Die Oblaten kommen nun auf ein gebuttertes Backblech, der Kuchen darauf. Er wird bei 180° C (Gas: Stufe 4) im vorgeheizten Ofen gebacken (etwa 40 Minuten). Nach dem Abkühlen werden die Oblaten entsprechend der Form des Kuchens beigeschnitten. Den Kuchen mit einer Mischung aus Puderzucker und Zimt bestäuben.

RICCIARELLI

Mandelmakronen (zwei Dutzend)

Diese süßen und verführerisch aromatischen Makronen sind in Siena fast ebenso beliebt wie das Panforte. Sie haben etwas vom Geschmack orientalischer Konfitüren und sind nicht gerade billig – weder in der Zubereitung noch im Geschäft.

360 g geschälte Mandeln
180 g fein gesiebter Puderzucker
240 g gesiebter Streuzucker
1 Teelöffel geriebene Orangenschale
2 Eiweiß
2 Dutzend runde Oblaten

Die Mandeln im Mörser kleinstoßen oder in einer Nußmühle zermahlen. Mit dem Streuzucker mischen und durch ein Sieb in eine große Schüssel rütteln. Dann wird das Eiweiß steifgeschlagen und zusammen mit dem Puderzucker und der Orangenschale unter die Mandel-Zucker-Masse gehoben, so daß sich eine weiche, glatte Paste ergibt. Diese formt man zu mandelförmigen Plätzchen von 1 cm Dicke, 4,5 cm Länge und 3,5 cm Breite. Gut mit Puderzucker bestäubt, bleiben die Plätzchen dann zwölf Stunden auf den Oblaten stehen. Anschließend in einem schwach geheizten Backofen (140° C, Gas: Stufe 1) eine Viertelstunde backen. Abkühlen lassen und vor dem Servieren nochmals mit Puderzucker bestäuben. Noch raffinierter werden die Makronen, wenn man dafür Vanille-Zucker verwendet (Zucker, der mit einer Vanille Schote zusammen aufbewahrt wird).

CONSORZIO AGRARIO
PROVINCIALE DI SIENA
OLIO EXTRA
VERGINE DI OLIVA
STELLARIN
Rosolio di Menta
CASTELLARIN · SIENA
Panforte Margherita
IDROLITINA
POLVERI PER ACQUA DI TAVOLA
ACQUA DA TAVOLA

· SAN · GIMIGNANO ·

Vom Tal aus gesehen, nimmt sich San Gimignano tatsächlich wie ein mittelalterliches Manhattan aus. 15 Steintürme erheben sich über die ockerfarbenen Mauern – eine letzte Erinnerung daran, wie alle toscanischen Städte vor sechs Jahrhunderten aussahen. Dante, der San Gimignano im Jahre 1300 als Botschafter besuchte, betrat sogar noch einen Ort mit nicht weniger als 72 Türmen, allesamt Schutzbauten der beiden einander befehdenden Familien Ardinghelli und Salvucci. Während der jahrhundertelangen Feindseligkeiten wurde ein Turm nach dem anderen zerstört, bis nur die 15 übrigblieben. In den Rissen ihrer Mauern wuchern heute wilde Kapern.

Wenn auch das politische Leben nicht mehr so gewalttätig ist und die meisten Türme gefallen sind – San Gimignano hat sein mittelalterliches Gepräge erhalten. Abgesehen von der wachsenden Zahl der Läden für die Touristen ist es fast wie im 14. Jahrhundert. Auf der Piazza della Cisterna fließt noch das Wasser aus einer Zisterne aus dem 13. Jahrhundert, und um den Platz mit seinem Kopfsteinpflaster stehen immer noch die Häuser aus dem goldgelben Kalkstein der Umgebung. Die Piazza del Popolo wird nach wie vor von einem der Türme überragt, und einmal in der Woche widerhallt wie seit alters die Piazza del Duomo vom aufgeregten Geschrei des Straßenmarktes.

SALSA per la CACCIAGIONE

Sauce für Wildbret

Auf dem Markt von San Gimignano gibt es alles, vom handbemalten blau-weißen Porzellan über Stäbchen zum Rollen von Ravioli bis zur hausgemachten Pasta. Vielleicht probieren Sie einmal fritierte Zucchiniblüten oder ein Sandwich mit Wildschwein und folgender Sauce:

2 Knoblauchzehen, zerkleinert
Olivenöl
1 Eßlöffel Kapern
7–8 gehackte Salbeiblätter
die feingehackten Blätter eines Zweigs Rosmarin
2 Gläser Rotwein
1 püriertes Anchovisfilet

Den Knoblauch in Öl goldbraun braten, Kapern, Salbei und Rosmarin hinzugeben und 1–2 Minuten schmoren lassen. Mit dem Rotwein ablöschen, erneut zum Kochen bringen und einkochen lassen. Rühren Sie zum Schluß die Anchovis unter. Die Sauce kann für gegrilltes Wild verwendet werden, schmeckt aber auch hervorragend zu gebratenem Schweinefleisch.

FIORI FRITTI

Fritierte Zucchini-Blüten (6)

An frische Courgette- oder Zucchini-Blüten kommt normalerweise nur, wer einen eigenen Gemüsegarten hat. Anders in der Toscana: Dort gibt es die großen gelben Blüten während des Sommers auf den meisten Märkten.

16–18 Zucchini-Blüten
1 Handvoll frische Kräuter (Petersilie und/oder Thymian), fein gehackt
100 g Weizenmehl
300 ml kaltes Wasser
Öl zum Fritieren

Die Blüten behutsam waschen und trocknen und die Stengel entfernen. Man füllt eine Schüssel mit dem Wasser und gibt durch ein Sieb unter ständigem Schlagen mit einem Holzlöffel das Mehl nach und nach hinein, bis die Konsistenz wie bei einem Pfannkuchenteig ist. Jetzt werden die Kräuter untergerührt. Wenn das Öl in einem Fritiertopf starke Hitze erreicht hat, tunkt man die Blüten rasch erst in den Teig und dann ins Öl. Wenn sie goldbraun sind, läßt man sie auf Küchenpapier abtropfen und serviert sie noch heiß mit Salz und Pfeffer.

FIORI con RIPIENO

Gefüllte Zucchini-Blüten (6)

Eine etwas gehaltvollere Variante ergeben die Blüten mit einer würzigen Füllung.

175 g geriebener Parmesan
60 g roher oder gekochter Schinken, kleingehackt
1 gepreßte Knoblauchzehe
2 Eßlöffel fein gehackte Petersilie
75 g feine Brotkrümel
Salz und frisch gemahlener schwarzer Pfeffer
1 geschlagenes Ei
2 Eßlöffel Milch

Alle Zutaten sorgfältig mischen. In jede Blüte kommt ein Löffel der Mischung. Fritieren wie die ungefüllten Blüten.

PONTE A RONDOLINO

Wie die Türme so gehört auch der toscanischste aller Toscana-Weißweine zu San Gimignano, der *Vernaccia*. Schon Dante soll ihn sehr geschätzt haben. Heute ist er in allen Lebensmittelgeschäften des Städtchens und in allen Bars eine Selbstverständlichkeit. Einige der Weingüter in der Umgebung sind für die Öffentlichkeit zugänglich, zum Beispiel FATTORIA DI CUSANO, RACCIANELLO und PIETRAFITTA. Emilio Teruzzis Gut PONTE A RONDOLINO hat eine ausgezeichnete eigene Trattoria, in der Vernaccia vom Besten serviert wird.

RISOTTO alla VERNACCIA

Weißwein-Risotto (6)

Das ist von den Risotto-Rezepten dieses Buches das schlichteste und delikateste – und dasjenige, bei dem man am ehesten etwas falsch machen kann. Es muß schon italienischer Arborio-Reis sein (außen weich, innen fest), und auch bei der Hühnerbrühe und dem Wein sollten Sie auf Qualität achten. Am besten ist natürlich der kräftige weiße Vernaccia. Wenn er nicht zu bekommen ist, kann man einen ähnlich aromatischen, trockenen Weißwein nehmen. Und nur nicht geizig sein – der Risotto soll nach Wein, nicht nach Wasser schmecken!

1 mittelgroße Zwiebel, fein gehackt
40 g Butter
350 g italienischer Arborio-Reis
0,9 l Hühnerbrühe
1–2 Flaschen Vernaccia

Die Butter in einer mittelgroßen Pfanne zerlaufen lassen. Die Zwiebel hellbraun dünsten und den Reis hinzugeben. Stetig rühren, bis er glänzt und glasig wird. In der Zwischenzeit erhitzen Sie die Brühe in einem Topf. Die Temperatur unter dem Reis erhöhen, Wein hinzugeben. Wenn der Reis die Flüssigkeit weitgehend aufgesogen hat, kommt zunächst ein Drittel der Brühe hinein, wenn auch diese absorbiert ist, noch einmal dieselbe Menge. Dann kommt weitere Brühe (oder – wenn Sie es kräftiger mögen – mehr Wein) nur löffelweise dazu. Immer schön rühren, wenn Sie Brühe oder Wein nachgießen! Das Kochen dauert 20–30 Minuten. Vor dem Servieren hebt man etwas Butter und ein paar Löffel Pecorino oder Parmesan unter den Risotto.

· Locanda · dell' · Amorosa ·

Das beste sienesische Essen gibt es nicht in Siena, sondern eine halbe Autostunde entfernt bei dem alten Städtchen Sinalunga. Ein langes Spalier aus spitzzackigen, dunklen Zypressen säumt den Weg, der hinaufführt zu einem gemauerten Torbogen: Das ist der Eingang zur LOCANDA DELL' AMOROSA, dem ›Gasthof der Liebenden‹. Er ist weniger Hotel und Restaurant als ein kleines Dorf für sich, das Herz eines geschäftigen landwirtschaftlichen Gutes, einer *fattoria*, die *Chianti colli Senesi*, Olivenöl, Konfitüren und Honig produziert.

Ein Fresko in Sienas Museo Civico zeigt das Anwesen, wie es um 1300 aussah. Schöner als heute kann es kaum jemals gewesen sein. Vom Restaurant, das in den ehemaligen Ställen untergebracht ist, blickt man auf den friedlichen Innenhof aus dem 14. Jahrhundert, wo Rosen an den warmroten Ziegeln emporklettern. Die Speisekarte folgt dem Wechsel der Jahreszeiten. Letzte Entscheidung hat in jedem Fall der ebenso engagierte wie äußerlich zurückhaltende Giuseppe Vaccarini,

zugleich einer
der versiertesten
Kellermeister Italiens.
Der Besitzer ist Carlo
Citterio. Seine Familie lebt
und wohnt schon seit Generationen hier, und er – wie
auch alle seine Angestellten –
hängt an seinem Heim. Das
macht sich überaus wohltuend
bemerkbar. Wenn Sie zur
locanda kommen, müde und matt
von der Fahrt, dann werden Sie
zwei Stunden später gestärkt an
Leib und Seele weiterfahren.

LOCANDA dell'AMOROSA

Die Gerichte in der LOCANDA DELL' AMOROSA reichen von einer schlichten Platte frischer, roher Steinpilze, die hauchdünn geschnitten und in einer Kräutermarinade serviert werden, bis zum Kaninchen in Weißwein mit Fenchelsamen. In der Jagdsaison gibt es raffiniert gebratene Wachteln oder Fasan aus dem Sieneser Hügelland oder traditionellere und kräftigere Gerichte wie die beiden folgenden – ideal für spätherbstliche Tage, wenn der erste Bodenfrost kommt.

STRISCE con CECI

Bandnudeln mit Kichererbsen-Suppe (4)

Strisce sind breite Bandnudeln – ideal für diese sämige Suppe, die fast eher ein Nudelgericht mit Kichererbsen-Sauce ist.

400 g getrocknete Kichererbsen (10 Stunden gewässert)
100 g fein gehackte Möhren
1 kleine Zwiebel, fein gehackt
1 Stange Sellerie, fein gehackt
4 Eßlöffel Olivenöl
3 Knoblauchzehen
1 Zweig Rosmarin (oder 2 Teelöffel getrockneter Rosmarin)
5 schwarze Pfefferkörner
Salz
Strisce (oder Makkaroni) für 4 bis 5 Personen (s. Pasta-Rezept S. 76) oder 250 g fertige Pasta aus dem Geschäft.

Die eingeweichten Kichererbsen kommen mit dem Knoblauch und dem Pfeffer in eine tiefe Kasserolle, mit Wasser bis 2½ cm über die Erbsen aufgießen. Bei niedriger Hitze im geschlossenen Topf 3 Stunden weichdünsten. Dann nehmen Sie die Erbsen heraus (Flüssigkeit nicht weggießen!) und pürieren sie bis auf 6 Eßlöffel voll zusammen mit dem Knoblauch in der Küchenmaschine. Öl in einer großen Pfanne erhitzen und Möhren, Zwiebel, Sellerie und Rosmarin schmoren, bis sie weich sind. Dann kommt alles zusammen, auch die Erbsen-Flüssigkeit, in einen Topf und wird eine halbe Stunde gekocht. Mit Salz abschmecken, die Pasta hinzugeben und weichkochen. Heiß mit geriebenem Parmesan servieren.

BOLLITO in SALSA di DRAGONCELLO

Gekochtes Rindfleisch mit Estragonsauce (4)

Estragon wird in der Toscana – außer in der Gegend von Siena – wenig verwendet.

Für die Sauce:
80 g frische Brotkrümel
20 g frischer Estragon
1 Eßlöffel Weißweinessig
5 Eßlöffel Olivenöl
3 Knoblauchzehen
Salz

Bollito:
400 g Rindfleisch (Brust oder hohe Rippe)
400 g Kalbs- oder Rindfleisch-Schulter am Stück (ohne Knochen)
1 Möhre
1 kleine Zwiebel
1 Stange Sellerie
1 Eßlöffel gehackte Petersilie
1 Teelöffel Meersalz

3 l Wasser mit den Gemüsen in einen tiefen Topf geben, mit dem Salz und der Petersilie zum Kochen bringen. Dann kommt das Fleisch hinzu, 3 Stunden leise kochen lassen. Schaum sorgfältig abheben. In der Zwischenzeit bereiten Sie die Sauce zu. Dafür läßt man die Brotkrümel eine Viertelstunde in Essig ziehen und streicht sie dann glatt. Estragon und Knoblauch werden in einem Mörser zerstampft und zusammen mit dem Brot durch ein Sieb passiert. Gut durchmischen und langsam das Öl unterrühren, bis man eine dickflüssige Sauce erhält. Nach Geschmack salzen. Das gekochte Fleisch mit der Sauce servieren.

PASTA

Industriell hergestellte Pasta hat mit hausgemachter wenig Ähnlichkeit – außer vielleicht in der Form. Während Pasta *asciutta* (trockene Pasta aus der Tüte) oft nur dazu dient, die Soße aufzunehmen, kann hausgemachte Pasta durchaus ohne Beigabe delikat sein. Der Hauptunterschied liegt in der Herstellung, da selbstgemachte Sorten in Handarbeit mit frischen Eiern gefertigt werden. Viele Faktoren bestimmen die Qualität der Nudeln; so kann selbst Onelia, Pasta-Expertin und Köchin in der LOCANDA DELL'AMOROSA, hier nicht die gleiche Zartheit des Pasta-Teigs erzielen wie in der Chianti-Gegend. Der Unterschied liegt sowohl am Wasser als auch am Eigelb. Die Regel lautet: Je mehr Mehl, desto fester der Teig, und je fester der Teig, desto besser die Pasta. Pech also für den Anfänger, der mit sehr festem Teig, der schwer zu kneten ist, seine Mühe hat.

RAVIOLI con SPINACI

Ravioli mit
Spinat-Ricotta-Füllung (6)

Obwohl Pasta eigentlich eher eine Spezialität der Emilia-Romagna als der Toscana ist, gehört sie auch hier auf jede Speisekarte. Dieses Rezept für Ravioli ist eines der besten; die Zutaten für den Pasta-Teig können auch für Tagliatelle oder Pappardelle verwendet werden.

Für die Pasta:

300–375 g ungebleichtes Mehl
3 Eier
1 Prise Salz

Für die Füllung:

1,2 kg frischer Spinat, gut gewaschen
½ Teelöffel Salz
½ Teelöffel Muskatnuß
2 Eigelb
350 g Ricotta-Käse

1 Stellen Sie zuerst die Füllung her. Den Spinat gut waschen und mit dem Wasser, das noch an den Blättern haftet, in einen Topf legen. Salz hinzufügen und zugedeckt 15–20 Minuten kochen. Anschließend läßt man den Spinat abtropfen, preßt die restliche Feuchtigkeit heraus, hackt ihn sehr fein, fügt die anderen Zutaten hinzu und schmeckt die Füllung mit Salz ab.

2 Um die Pasta zuzubereiten, wird das Mehl zusammen mit dem Salz durch ein Sieb auf ein Backbrett gegeben. In eine Vertiefung in die Mitte kommen die verquirlten Eier. Das Mehl vom Rand her mit den Händen nach und nach unter die Eier kneten. Sie sollten soviel Mehl in die Flüssigkeit hineinarbeiten, wie es geht, ohne daß die Masse ihre Geschmeidigkeit verliert.

3 Hände waschen, Backbrett vom restlichen Mehl säubern. Nun den Teig etwa 10 Minuten lang sorgfältig durchkneten, bis ein Ball von einheitlicher Konsistenz und schimmernder Oberfläche entsteht. Wenden Sie den Teig immer wieder auf der Unterlage und falten Sie ihn neu zusammen. Anschließend bleibt er 10 Minuten zugedeckt stehen.

4 Zum Ausrollen können Sie eine Pasta-Maschine nehmen. Wenn Sie keine haben, teilen Sie den Klumpen in zwei Portionen, das macht das Arbeiten leichter. Dann braucht man eine lange Nudelrolle. Diese wird eingeölt und mit Mehl bestäubt. Den Teig auf einer ebenfalls bemehlten Unterlage schnellstmöglich ausrollen, so daß ein Oval entsteht. Immer schön vom Körper wegwalzen und den Teig nach jedem Durchgang aufnehmen und wenden. Wenn er bereits ziemlich dünn ist, kann man ihn auch – am besten, indem man ihn um die Nudelrolle wickelt – noch ein paarmal ›ziehen‹. Er soll papierdünn werden.

5 Den ersten Bogen Teig auf einer bemehlten Unterlage glatt auslegen und in eine rechteckige Form schneiden. Die Füllung nun teelöffelweise (etwa 4 cm Abstand) in Reihen aufsetzen. Die Zwischenräume mit Wasser bestreichen, dann die zweite Lage Teig darüberlegen und mit der Handkante zum Verschließen fest zwischen die Reihen drücken. Dann schneidet man viereckige Teigtaschen aus, setzt sie auf fettundurchlässiges Backpapier und deckt sie ab.

6 4,5 Liter Wasser mit einem Eßlöffel Öl und einem Teelöffel Salz zum Kochen bringen. Die Ravioli hineingeben und etwa 5 Minuten kochen lassen, nachdem das Wasser wieder den Siedepunkt erreicht hat; sie müssen noch Biß haben, also *al dente* sein. Die Ravioli sofort servieren, entweder mit Butter und geriebenem Käse oder mit Butter, in der 6–8 Salbeiblätter gedünstet wurden.

RAVIOLI NUDI

Nackte Ravioli (6)

In der Toscana erfreut sich noch eine andere Sorte Ravioli besonderer Beliebtheit, die allerdings selten im Restaurant serviert wird. Das ist sozusagen Füllung ohne Pasta und heißt deswegen in Arezzo *Ravioli nudi* – ›nackte‹ Ravioli. Sie sind eine große Delikatesse, die man ohne weiteres nur mit aufgeschnittenen Tomaten und ein wenig geriebenem Parmesan auf den Tisch bringen kann.

675 g frischer Spinat, gekocht wie im vorigen Rezept beschrieben und fein gehackt
250 g Ricotta-Käse
130 g Mehl
3 Eigelb
150 g frisch geriebener Parmesan oder Pecorino
½ Teelöffel Muskatnuß
½ Zwiebel, fein gehackt
50 g Butter
Salz

Die Butter in einem großen Topf zerlassen und die Zwiebel darin bräunen. Den Spinat hineingeben und salzen, 5 Minuten köcheln. Das Ganze darf etwas abkühlen, bevor es in einer großen Schüssel mit dem Ricotta und dem Mehl gut vermengt wird. Anschließend kommen Eigelb, Muskat und Parmesan oder Pecorino hinzu, die gleichfalls ordentlich untergemischt werden. Nach Geschmack salzen, abkühlen lassen und ovale Klößchen von etwa 2,5 cm Länge und 1 cm Breite formen. Sie werden in 4,5 Liter Salzwasser gekocht, immer ein paar auf einmal. Sie sind jeweils 3–4 Minuten nachdem das Wasser wieder kocht fertig. Bis zum Verzehr warm stellen. Wenn beim Essen welche übrigbleiben – sehr unwahrscheinlich –, kann man sie am nächsten Tag in Eigelb und Paniermehl rollen und knusprig braun fritieren.

e repliche
LA
CUCINA
INTERVISTA
Franco
SERA

AREZZO
CARTA DELLA PROVINCIA
Scala 1:150.000
ENTE PROVINCIALE PER IL TURISMO
MONNA LISA
caseificio salcis siena
VERO FORMAGGIO PECORINO DELLE CRETE SENESI
SPECIALITA' MANDORLATO DELLE TORRI
Città di S. Gimignano Panorama

BUCA DI SAN FRANCESCO

Arezzo ist eine wohlhabende, etwas herbe Provinzstadt, regionales Zentrum eines abwechslungsreichen landwirtschaftlichen Gebiets. International kennt man es vor allem wegen der atemberaubenden Fresken von Piero della Francesco. In der Gegend selbst erfreut sich freilich die einladende kleine Trattoria Buca di San Francesco Mario de Filippis ebenso großer Wertschätzung. Dort sitzt man im freskengeschmückten Kellergewölbe eines Palazzo aus dem 16. Jahrhundert und ißt Spezialitäten wie *Zuppa di Fagioli* (Bohnensuppe), hausgemachte *Tagliolini*, Ricotta mit Akazienhonig und Hühnchen aus dem benachbarten Valdarno, *in porchetta* gekocht. Porchetta ist ein ganzes, geröstetes Spanferkel, wie es in Umbrien und der Toscana von fliegenden Händlern verkauft wird. Wenn Huhn auf die gleiche Weise zubereitet wird, ist es mit einer Mischung aus blättrigem wilden Fenchel, Salbei und Knoblauch gefüllt.

SFORMATO di VERDURE con FEGATINI

Spinatauflauf mit Hühnerleber (4)

Das Buca di San Francesco gehört zur Kette der ›*del Buon Ricordo*‹-Restaurants (der guten Erinnerung), die in einer Art kulinarischer Nostalgie die Tradition der italienischen Regionalküche pflegen. Jedes bietet ein Gericht wie das folgende, das für die jeweilige Gegend besonders typisch ist und auf der Karte als *Piatto del Buon Ricordo* firmiert. Ebenso gibt es immer ein ganzes Landesküchen-Menü, das der Wirt auf Anfrage empfiehlt. Im Rezept hier nehmen wir Spinat, Sie können den Auflauf aber genauso gut mit Brennesseln oder anderem Blattgemüse machen.

Sformato:

1 kg Spinat
75 ml dickflüssige Bechamel-Sauce
1 geschlagenes Eigelb
1 Messerspitze Muskat
2½ Eßlöffel Parmesan
3 Eiweiß, steifgeschlagen
50 g Butter
100 g Paniermehl
Salz und frischgemahlener Pfeffer

Für die Sauce:

450 g Hühnerleber, gehäutet und gewaschen
1 kleine Zwiebel, fein gehackt
4–6 Eßlöffel Olivenöl
2 Gläser Weißwein
9–10 Salbeiblätter, gehackt

Den Spinat mehrfach in kaltem Wasser waschen und dann im geschlossenen Topf 15 Minuten kochen. Nach dem Abkühlen wird er kleingehackt und durch ein großes Sieb passiert. Die Butter in der Pfanne zerlassen und den Spinat rund 10 Minuten darin dünsten. Dann von der Platte nehmen und die Bechamelsauce, Eigelb, Muskat, Parmesan, Salz und Pfeffer einrühren. Das Eiweiß unterheben und das Ganze in eine tiefe, gebutterte und mit Paniermehl bestreute Reisrandform geben. Diese stellt man in einem Wasserbad in den auf 200° C (Gas: Stufe 6) vorgeheizten Backofen. Nach etwa 20 Minuten sollte die Oberfläche goldbraun sein.
Unterdessen wird die Zwiebel bei mittlerer Hitze gedünstet. Wenn sie gerade anbräunt, die Temperatur erhöhen, Leber und Salbei hinzufügen und so lange kochen, bis die Leber eine blasse Farbe angenommen hat; aus der Pfanne nehmen und heiß halten. In die Pfanne kommt nun der Wein, den man auf etwa die Hälfte einkocht. Jetzt die Leber wieder in die Pfanne zurückgeben, rasch umrühren, salzen und pfeffern und die Pfanne vom Herd nehmen. Mittlerweile sollte der *sformato* seine knusprige Kruste haben; er wird auf eine Platte gestürzt, und in die Mitte plaziert man die Leber mit der Sauce. Sofort servieren.

GINESTRATA

Stärkende Hühnersuppe (4)

Im Frühling beherrscht der Duft der *Ginestra*, des wilden Ginsters, die Toscana; an den Straßenrändern stehen die großen Büsche in der vollen Pracht ihrer strahlenden gelben Blüten. Diese Pflanze gab jener Suppe ihren Namen, der früher wunderbare Kräfte zugeschrieben wurden. Man traute ihr zu die Potenz zu fördern, Krankheiten zu kurieren und die Geisteskräfte zu beleben. Auch wenn das Gericht in erster Linie mit der Chianti-Region verbunden ist, wo der Ginster am üppigsten gedeiht, gibt es doch in der Buca di San Francesco eine ganz ähnliche Suppe unter dem Namen *Cordiale*.

4 Eier
50 g Butter
1 Glas Marsala oder Vino Santo
½ l kräftige Hühnerbrühe
½ Teelöffel Zimt
1 Prise Safran
1 Prise Muskat
Saft einer Zitrone
Zucker

Die Eier schlagen und unter ständigem Rühren langsam den Wein, die Brühe, Zimt und Safran hinzugeben. Behutsam erhitzen und Butterflöckchen zufügen. Wenn sich die Suppe verdickt, vom Herd nehmen, mit Zitronensaft, Zucker und Muskat abschmecken und in Tassen füllen.

Reben und Weinberge

Restaurants
Chianciano Terme: La Casanova – Montalcino: Fattoria dei Barbi – Montefollonico: La Chiusa – Montepulciano: Trattoria Diva · Pulcino

Sehenswürdigkeiten
Chiusi: Etruskische Gräber – Montalcino: Weinberge – Montepulciano u. Pienza: Renaissance-Bauten – Sant'Antimo: Romanische Abtei – San Galgano: Klosterruine

EINFÜHRUNG

Das Gebiet zwischen Montalcino und Montepulciano, im Süden von Siena, ist nicht nur für seine landschaftliche Schönheit und seine schmucken Renaissance-Städte berühmt, sondern auch für seine hervorragenden Weine. Der *Vino Nobile di Montepulciano*, ein elegant-trockener chiantiartiger Wein mit zartem Veilchenbouquet, hat die Dichter seit Jahrhunderten zu Lobeshymnen veranlaßt. So schrieb der Poet und Naturwissenschaftler Francesco Redi im 17. Jahrhundert: »Montepulciano d'ogni vino è re« – unter allen Weinen ist der Montepulciano König. Und mag auch der moderne Vino Nobile nicht unbedingt der absolute König, sondern eher einer der Kronprinzen unter den toscanischen Kreszenzen sein, sein Adelsprädikat verdient er allemal.

Wie das benachbarte Pienza ist Montepulciano geradezu ein Modell einer Stadtanlage aus dem 15. Jahrhundert. Wer an einem Frühlingstag die Hauptstraße, den Corso, hinuntergeht, hat zwischen den eindrucksvollen Barock-Palästen immer wieder einen weiten Ausblick auf die Weinberge des Hügellandes. Kleine, balkonartige Piazze an den gepflasterten Straßen, die steil zur Piazza Grande emporklettern, sind wie Aussichtsplattformen angelegt. Die Piazza Grande, der geräumige und großartige Hauptplatz am höchsten Punkt der Stadt, ist auch das Zentrum des jährlichen Musik- und Theaterfestivals im August.
15 Kilometer westlich liegt Pienza, die Traumstadt von Enea Silvio de'Piccolomini (Papst Pius II., 1458–1464), der sie praktisch aus seinem Geburtsort Corsignano schuf. 1459 beauftragte er den Florentiner Architekten Bernardo Rossellino, aus dem unscheinbaren Flecken und seiner Kirche »die prächtigste Stadt ganz Italiens« zu machen. Fast hätte er es geschafft. Zwar starb er, bevor sein Traum Wirklichkeit werden konnte, doch hinterließ er ein Städtchen, das seine fehlende Größe durch faszinierende Schönheit wettmacht.

Pienza liegt an der Straße nach Montalcino, wo einer der kostbarsten Rotweine Italiens herkommt, der *Brunello di Montalcino*. Diesen – noch relativ jungen – Ruf als Spitzenwein verdankt der Brunello hauptsächlich den Bemühungen der Familie Biondi-Santi. Sie gewann 1865 zum ersten Mal einen Preis für diese Sorte und hat deren Qualität seither stetig verbessert. So gilt der Brunello heute als legendärer Roter, dessen Bouquet so manchen viel älteren Spitzenwein verblassen läßt. Eine Flasche aus der Produktion der Biondi-Santi braucht Jahre, wenn nicht Jahrzehnte, um voll auszureifen, und so außerordentlich das Ergebnis ist, so außerordentlich sind natürlich auch die Kosten dieses langwierigen Prozesses und mithin der Preis. Glücklicherweise gibt es andere Weingüter, die einen etwas erschwinglicheren Brunello keltern. Jedenfalls ist er ein unerschöpfliches Thema. Im eleganten CAFFÈ FIASCHETTERIA ITALIANA in Montalcino an einem warmen Herbstnachmittag draußen zu sitzen und die ruhmreichen Jahrgänge der heimischen Gewächse in Gesellschaft von Kennern Revue passieren zu lassen, dürfte einer der angenehmsten Zeitvertreibe sein – nur Trinken ist schöner. Aber fahren Sie auch einmal durch die zauberhafte Hügellandschaft mit ihren Olivenbäumen und Weinstöcken zu einem der Weingärten, die für Besucher geöffnet sind. Die FATTORIA DEI BARBI etwa, die sich überdies mit einer eigenen, exzellenten Trattoria empfiehlt, wo Landesküche aus selbstgezogenen Produkten auf den Tisch kommt.

Dabei wartet die Gegend mit einer abwechslungsreichen Speisekarte auf: von der sienesisch inspirierten Küche im Landrestaurant LA CHIUSA (wo es auch Olivenöl aus der alten *frantoio* – der Ölpresse – gibt) bis zur deftigeren *ribollita* oder dem gegrillten Fleisch in der FATTORIA PULCINO beim Stadttor von Montepulciano. Die heimischen Kräuter wie etwa Estragon werden ebenso großzügig verwendet wie die gewaltigen Steinpilze, die an den Hängen des nahegelegenen Monte Amiata, eines erloschenen Vulkans, wachsen. Und im schönen RISTORANTE LA CASANOVA bei Chianciano Terme brilliert die Küche vor allem mit frischem Süßwasserfisch und – in der Saison – mit phantasievollen Wildgerichten.

TRATTORIA DIVA

Pici – ein Teig nur aus Wasser und Mehl, der mit einem 1,30 Meter langen Holz ausgerollt wird.

Der Fladen wird in 2,5 cm breite Streifen geschnitten, die man dann in dem Maismehl wälzt.

Am Samstagmorgen bereitet Ada vom Restaurant Diva ihre *Pici* zu. Die Zutaten sind in Montepulciano stets frisch – die Bauern der Gegend liefern direkt vom Feld.

Die einzelnen Streifen sind lang und erfordern einige Geschicklichkeit in der Handhabung.

Das Diva, benannt nach der Wirtin, ist eine kleine, lebhafte Trattoria in Familienbesitz, nicht weit vom Haupt-Stadttor Montepulcianos. Hier pflegt man vor allem eine schlichte Küche ohne viele Schnörkel und kredenzt dazu ausgezeichnete heimische Weine aus der benachbarten *enoteca*, die ebenfalls der Familie gehört.

PICI

Toscanische Pasta ohne Ei (6)

Pici ist eigentlich ein Gericht für die ganz Armen aus der Gegend um Montepulciano. Aber Vorsicht! Diese vollständig von Hand zubereitete Pasta ohne Eier braucht vor allem Zeit, ansonsten nur Mehl, Salz und Wasser. Das folgende Rezept gibt die Kunst des Pici-Machens nur annähernd wieder, das erforderliche Fingerspitzengefühl kommt mit der Übung!

350 g gesiebtes Mehl
1 Prise Salz
einige Eßlöffel Wasser

Die Zutaten gut mischen und durchkneten, bis man einen geschmeidigen Teig erhält, der erst mal für etwa 20 Minuten zugedeckt stehen bleibt. Dann wird er auf eine Stärke von ½ cm ausgerollt, in Streifen von 1 cm Breite geschnitten und in Maismehl gewälzt. Aus jedem dieser Streifen dreht man eine Art Spaghetto von möglichst großer Länge (auch diese Pasta-Schnüre bleiben vor der eigentlichen Zubereitung zugedeckt). Wie andere Teigwaren in kochendem Wasser garen und sofort servieren.

SALSA di SALSICCIA

Wurst-Sauce (6)

Wenn Sie sich schon die Mühe gemacht haben, Pici zuzubereiten – sie sind eine äußerst schmackhafte Grundlage für diese traditionelle Sauce, die von den Ausläufern des Monte Amiata stammt. Bei Chiusi, südlich von Montepulciano, ißt man die Pici auch in einer ›Kaviar‹-Sauce, wobei der Kaviar eine freundliche Gabe jener Hechte ist, die im nahegelegenen See gefischt werden.

350 g pikante italienische Würstchen, enthäutet und in kleine Stücke geschnitten
400 g reife Tomaten, gehäutet und mit der Gabel zerdrückt
240 g frische Steinpilze oder
25 g getrocknete Pilze, die ½ Stunde in lauwarmem Wasser eingeweicht werden
1 große, feingehackte Zwiebel
2 Eßlöffel Olivenöl
Rotwein nach Geschmack

Das Öl in einer niedrigen feuerfesten Form erhitzen, darin die Zwiebel weichdünsten. Wenn sie glasig wird, kommen Wurststücke und Pilze hinzu (wenn Sie getrocknete nehmen, müssen sie nach dem Wässern ausgedrückt und kleingeschnitten werden). Das Ganze unter wiederholtem Rühren etwa 10 Minuten kochen und Tomaten, Salz, Pfeffer und – wenn und wie Sie mögen – Wein hinzutun. Nach weiterem 50minütigem Köcheln eignet sich die Sauce nicht nur als Beilage zu den Pici, sondern zu jeder anderen Pasta.

PICI con CONIGLIO

Pasta mit Kaninchen-Sauce (6)

Auch diese Sauce, die traditionell besonders gern zu Pici gereicht wird, läßt sich genauso gut für andere Pasta verwenden.

- 25 g luftgetrockneter Bauchspeck oder Schinkenspeck, fein zerkleinert
- 1 großes Kaninchen, zerlegt, mit Innereien
- 1 kleine Zweibel, fein gehackt
- 1 Möhre, fein gehackt
- 2–3 Zweige frischer Thymian
- 500 g Tomaten, gehäutet, entkernt und zerkleinert
- ½ Flasche Chianti
- 3 Eßlöffel Olivenöl
- Salz und Pfeffer

Speck, Zwiebel und Möhre in Öl weichdünsten. Dann die Kaninchenteile (mit Ausnahme der Innereien) hinzugeben und von allen Seiten anbräunen lassen. Jetzt füllt man mit dem Wein auf und läßt ihn fast ganz einkochen. Mit den Tomaten und dem Thymian im zugedeckten Topf garschmoren (etwa 1½ Stunden).

Nach ½ Stunde kommen die fein gehackten Innereien und einige Eßlöffel warmes Wasser oder Fleischbrühe hinzu, damit die Sauce flüssig bleibt. Wenn das Kaninchen zart ist, nimmt man es aus der Sauce und stellt es warm. Die Nudeln in der Flüssigkeit kochen (etwa 10 Minuten). Wenn Sie trockene Pasta verwenden, kochen Sie diese in Wasser *al dente* und geben sie dann in die Sauce. Die Pasta wird als Vorspeise vor dem Kaninchen serviert; als Beilage zum Hauptgang reichen Sie Spinat.

Funghi secchi – Getrocknete Pilze

Steinpilze gibt es im späten Frühling und im Herbst in der ganzen Toscana. Ihr reiches Aroma verfeinert den Geschmack einer Vielfalt von Gerichten – von Eintöpfen und schlichten Pasta-Saucen bis zu raffinierten Kalbfleisch-Kompositionen. Wo die frischen *porcini* nicht zu bekommen sind, hat man einen passablen Ersatz in den getrockneten *funghi secchi*, die in vielen Lebensmittelgeschäften verkauft werden.

MACELLERIA

· FATTORIA · DEI · BARBI ·

Im Restaurant der FATTORIA DEI BARBI bei Montalcino wirkt ein Koch aus dem englischen Bournemouth. Sogar die Toscaner geben zu, daß er eine der delikatesten Bohnensuppen in der Toscana macht. Schließlich ist er schon über 20 Jahre im Land, mit einer Toscanerin verheiratet und hat, was vielleicht am wichtigsten ist, eine toscanische Schwiegermutter. Man sitzt dort besonders schön an einem heißen Sommertag – an einem Tisch mit kariert gemusterten Tuch, inmitten eines Weingartens. Lassen Sie sich die Geschichte vom Brunello erzählen, und versäumen Sie dann nicht einen Besuch in den imposanten alten Weinkellern – die Chance, dabei auch den ein oder anderen guten Tropfen zu verkosten, steht nicht schlecht.

ZUPPA di FAGIOLI

Bohnensuppe (6)

Diese Bohnensuppe, deren Geschichte womöglich älter ist als die des Brunello-Weins, ist eine Variante der berühmten *ribollita* (= ein zweites Mal gekocht) – man macht sie am besten einen Tag vor dem Verzehr.

- 1 kg frische Cannellini – oder gut 400 g getrocknete weiße Bohnen, die eine Nacht eingeweicht werden
- 3–4 reife Tomaten, gehäutet, entkernt und püriert
- 2 Stangen Sellerie, fein gehackt
- 2 Möhren, fein gehackt
- 300 g *Cavolo nero* (toscanischer Schwarzkohl) oder jedes andere dunkelgrüne Gemüse wie Mangold oder Spinat

2 Stangen Lauch, fein gehackt
200 g Wirsing, getrennt gedünstet zum Garnieren
2 Knoblauchzehen, zerdrückt
2 Zweige frischer Thymian
6–8 Eßlöffel Olivenöl
Brühe
Salz und Pfeffer
6 Scheiben altbackenes Brot

Die Bohnen in viel Wasser leicht weich kochen, dann abgedeckt eine Stunde stehen und anschließend abtropfen lassen. Drei Viertel werden durchs Sieb in eine etwa entsprechende Menge Wasser passiert, der Rest bleibt zunächst in Reserve. Möhren, Sellerie und Lauch in einem großen Topf in Öl weichdünsten und Tomaten, Knoblauch und Thymian hinzufügen, nach weiteren 5 Minuten auch den Kohl, Salz und Pfeffer. 10 Minuten kochen lassen, dann kommen Bohnenpüree und -wasser hinzu. Jetzt muß die Suppe eine Stunde kochen. Sie sollte sämig sein, aber nicht zu dick. Etwa 5–10 Minuten vor dem Ende gibt man die nicht pürierten Bohnen hinein. Servieren Sie die Suppe mit einer Scheibe Brot in jedem Teller, und garnieren Sie mit dem gekochten Wirsing.

RISOTTO PRIMAVERA

Frühlingsrisotto (6)

Das ist ein sehr festlicher Risotto:
500 g Arborio-Reis
300 g grüne Tomaten, gewürfelt
350 g kleine Zucchini, gewürfelt
200 g grüner Pfeffer oder kleingeschnittener Spargel
100 g Möhren, gewürfelt
1 Zwiebel oder Lauchstange, fein gehackt
Rinderbrühe
150 g Butter
2 Eßlöffel Olivenöl
Salz und Pfeffer

Das Öl im Topf erhitzen und die Zwiebel anbräunen, dann das restliche Gemüse bis auf die Tomaten hinzufügen. 10 Minuten bei mittlerer Hitze kochen lassen und Tomaten, Salz und Pfeffer zugeben. Nach einer weiteren Viertelstunde kommen der Reis und etwas heiße Brühe dazu. Der Reis braucht 20–30 Minuten, um *al dente* zu werden. Weil er viel Flüssigkeit aufnimmt, sollten Sie alle paar Minuten eßlöffelweise Brühe nachgießen. Vor dem Servieren die Butter unterrühren.

Die Toscana ist zu Recht für die Qualität ihrer Fleisch- und Gemüse-Gerichte berühmt. Außerhalb Italiens ist jedoch weniger bekannt, mit welchem Einfallsreichtum man dort Kräuter einsetzt. Beispielsweise für gefüllte Pasta oder *sformato*, eine Art Gemüse-Soufflé. Die folgenden beiden Rezepte stammen von einer alten Dame, die ich traf, als sie bei Montepulciano einen Korb Brennesseln pflückte.

SPEZIALITÄTEN VOM WEGESRAND

SFORMATO di ORTICA

Brennessel- (oder Spinat-)
Soufflé (4)

1 kg zarte Brennesselblätter (oder Spinat)
4 geschlagene Eier
100 g geriebener Parmesan
1 Prise Muskat
100 g Butter
1 Knoblauchzehe, zerdrückt
Salz und Pfeffer

Die Brennesseln mindestens ½ Stunde unter fließendem Wasser säubern, 10–15 Minuten zart kochen, abtropfen lassen und kleinhacken (das Kochwasser behalten Sie zur Zubereitung einer Suppe zurück). In einem mittelgroßen Topf läßt man die Butter zergehen und dünstet die Nesseln mit Knoblauch und Salz 5 Minuten. Mit Pfeffer und Muskat abgeschmeckt, werden sie dann in der Küchenmaschine püriert. Eier und Käse unterrühren und in eine gebutterte Soufflé-Form füllen. Im Wasserbad (etwa 1 cm hoch) kommt das Soufflé in den auf 200° C (Gas: Stufe 6) vorgeheizten Backofen, bis es aufgeht und goldbraun geworden ist (das dauert rund ½ Stunde). Sofort servieren!

MINESTRA di PISCIACANE

Löwenzahnsuppe (4)

Der Löwenzahn gilt traditionell als heilkräftig.

250 g kleine Löwenzahn-Blätter
2 Knoblauchzehen, zerdrückt
1 l Wasser oder Brühe
1 Stange Lauch, fein gehackt
1 Stange Sellerie, fein gehackt
Olivenöl
Salz
schwarzer Pfeffer

In einem mittelgroßen Topf Lauch, Knoblauch und Sellerie in Öl weich dünsten. Dann den gut gesäuberten und gehackten Löwenzahn hinzugeben (ein paar Blätter behält man zum Garnieren zurück) und 5 Minuten kochen, bevor man mit Wasser oder Brühe (mit Salz und Pfeffer abgeschmeckt) aufgießt. ½ Stunde kochen lassen und dann mit dem Mixer pürieren. Wieder erhitzen und auf geröstetem Brot servieren.

SANT'ANTIMO

Wilde Kräuter

Einer der friedlichsten Orte in der Toscana ist die Benediktiner-Abtei von Sant'Antimo in einem Tal südlich von Montalcino. Die romanische Klosterkirche soll im 9. Jahrhundert von Karl dem Großen gestiftet worden sein. Er sei es auch gewesen, weiß die Überlieferung, der den *dragoncello*, den Estragon, als Küchenkraut im Gebiet zwischen Montalcino und Siena eingeführt habe. Eigentlich nämlich ist Estragon ein typisch französisches Gewächs und wird in der Toscana nur selten gebraucht. Das Gebiet um Sant'Antimo ist die Ausnahme. Hier gedeiht der Estragon im Überfluß, wie auch wilder Borretsch. Dessen Blätter – wenn sie jung und zart sind – und

Blüten lassen sich ausgezeichnet fritieren (siehe Seite 70), mit anderen wildwachsenden Kräutern (zum Beispiel Löwenzahn) zu Salat verarbeiten oder zu einer *frittata*, wobei sie, leicht in Öl angebacken, ein Rührei verfeinern. Die toscanischen *frittate* ähneln Omeletts französischen Stils, unterscheiden sich aber dadurch, daß man sie langsam fest werden läßt. Oft kommen sie mit einigen *antipasti* als leichtes Abendessen auf den Tisch. Kalt sind sie aber auch eine feine Abwechslung zu belegten Broten, etwa bei einem Picknick.

PAN CO'SANTI

Heiligenbrot

Vor den Toren Montepulcianos liegt der Gutshof Pulcino mit eigener Trattoria, wo Vino Nobile, Würste, Schinken, Würzbrot und Kuchen zu haben sind – alles zubereitet nach den Rezepten von Tanten, Onkeln und anderen Verwandten aus der Besitzerfamilie. Ein Rezept ist *Pan co'Santi*, ein süßes Brot, das man traditionell an Allerseelen ißt. Die Zubereitung ist die eines normalen Brotteigs (Sie können sich etwa an das Rezept auf Seite 65 halten), wobei man ein gutes Pfund aufgegangenen Teig mit folgenden Zutaten anreichert, d. h. darunterknetet:

2 Eßlöffel flüssiger Honig
60 g Walnüsse, geröstet und gehackt
60 g getrocknete Feigen oder Birnen, fein gehackt
60 g Datteln, gehackt
1 Teelöffel Rosmarin, zerstoßen
60 g Pinienkerne
1 gute Handvoll Rosinen
3 Eßlöffel Olivenöl

Den gut durchgearbeiteten Teig zu einem Laib formen und 30–40 Minuten stehen lassen. Die Oberseite mit geschlagenem Ei bestreichen und im vorgeheizten Backofen bei 200° C (Gas: Stufe 6) backen.

Die etruskische Maremma

Restaurants
Saturnia: Da Laudomia – Sovana: Taverna Etrusca – Tirli: Tana del Cinghiale

Sehenswürdigkeiten
Pitigliano: Weingärten – Saturnia: Römische Bäder – Sorano: mittelalterliche Stadt auf einem Hügel – Sovana: Etrusker-Gräber – Talamone: Naturschutzpark an der Küste

EINFÜHRUNG

Wenn man heute durch die üppigen Wiesen und sanften Hügel der toscanischen Maremma fährt, kann man sich kaum vorstellen, daß diese fruchtbare Gegend noch vor knapp einem Jahrhundert ein von der Malaria heimgesuchtes, weitgehend verödetes Land war. Zu den Zeiten der Etrusker war das Gebiet nordöstlich der Hauptstadt Grosseto als schiffbare Bucht vom Meer aus zugänglich. Bis zum Mittelalter war aus der Bucht ein Binnensee geworden, der zunehmend versumpfte und Krankheit und Hunger über die Bevölkerung brachte. Zahlreiche Versuche das Land zurückzugewinnen, schlugen fehl, und es dauerte bis zu Beginn des 20. Jahrhunderts, bis die Maremma die Malaria endgültig los wurde, die ganze Städte ausgelöscht hatte. In den fünfziger Jahren startete die Regierung ein Programm zur Neubesiedelung und Förderung der Landwirtschaft, das den einstigen Wohlstand fast wiederherstellte. Heute gedeihen auf etruskischem Boden Blumen, Gemüse, Getreide und Trauben im Überfluß.

Das Wort *Maremma* bedeutet Küstenebene. Tatsächlich dürfte die Gegend, von den Touristenorten am Meer einmal abgesehen, in etruskischer Zeit vor über 2000 Jahren dichter besiedelt gewesen sein als heute. Die Spuren der Einwohner von damals sind allgegenwärtig. Nicht nur gaben sie als früheste Siedler mit festem Wohnsitz der ganzen Region ihren Namen – Toscana kommt vom etruskischen Tuscia –, auch viele ihrer Gräber und Friedhöfe sind erhalten. Die einstöckigen Häuschen des abgelegenen Dorfes Sovana etwa machen nahezu einen lebloseren Eindruck als die etruskische Totenstadt, die eineinhalb Kilometer entfernt in einer von Birken bestandenen, schattigen Senke erhalten ist. Acht Kilometer weiter südöstlich liegt Sovanas düster-abweisender Nachbarort Pitigliano. Er erhebt sich auf einem grandiosen Felsmassiv, in das eine Unzahl von Höhlen gehauen wurden – Gräber aus etruskischer und römischer Zeit; nun dienen sie als Kellergewölbe für den ausgezeichneten weißen Pitigliano-Wein. Drei tiefe Schluchten vor der Stadt bildeten einen natürlichen Wallgraben, den sich etwa die römische Adelsfamilie Orsini zunutze machte, als sie hier im 13. Jahrhundert residierte.

Aber die Etrusker waren nicht die einzigen, die dem Land ihren Stempel aufprägten. Mitte des 16. Jahrhunderts, als die Spanier mit ihren Garnisonen einen Küstenstreifen um Orbetello beherrschten, waren nordafrikanische Piraten eine ständige Bedrohung. Nahe dem Meer sind noch heute die verfallenden Überreste jener Türme zu sehen, von denen man damals nach den Eindringlingen Ausschau hielt – nicht immer erfolgreich. In einer Aprilnacht des Jahres 1545 wurde die schöne Tochter der Familie Marsili von Berber-Piraten verschleppt und endete als Lieblingsfrau im Harem des Sultans Suleiman. Und noch heute verrät in Orbetello so manches dunkelhäutige Gesicht die Vorfahren von der anderen Seite des Mittelmeers.

Die Maremma-Küste hat streckenweise unter der forcierten Entwicklung des Fremdenverkehrs gelitten. Im Naturschutzgebiet *Monti dell'Uccellina* hat man aber glücklicherweise dafür gesorgt, daß dieser Landstrich unangetastet blieb. In einem langgestreckten Streifen Wald- und Buschland lebt unbehelligt eine vielfältige Tierwelt, und die großen, regenschirmartigen Pinien, die für die Gegend so typisch sind, werfen ihre Schatten auf kilometerlange weiße Strände, wo man keiner Menschenseele begegnet. Hier trifft man auf Rehe und Hirsche, auf Wildschweine und sogar auf Herden aus Langhorn-Rindern und Wildpferden, um die sich die *butteri*, die Cowboys der Maremma, kümmern. In dem mittelalterlichen Städtchen Capalbio halten sie jeden Oktober ihr Reitertreffen ab.

Capalbio ist das Zentrum der Pferdezucht in der Südtoscana und außerdem ein Ort, wo man heimisches Wild, nach einem der vielen köstlichen Rezepte traditionell zubereitet, essen kann. Wild gibt es freilich in der ganzen Maremma. In der Jagdsaison servieren kleine Familienrestaurants wie das Da Laudomia bei Saturnia oder die Taverna Etrusca in Sovana herzhafte Wildschwein- und Rehgerichte, wobei auch an frischen Kräutern, Tomaten und Pilzen nicht gespart wird. Von Knoblauch machen die Köche hier reichlicher Gebrauch als in der übrigen Toscana, vielleicht weil er ein wohlfeiles Mittel ist, einfache Gerichte mit einem zusätzlichen Aroma zu bereichern. Unter der Bevölkerung der Maremma ist die Erinnerung an die Zeiten der Entbehrung noch nicht verblaßt.

TANA DEL CINGHIALE

Die Toscaner sind seit jeher in ihrer Jagdlust kaum zu übertreffen – jahrhundertelang schossen sie auf alles, was sich bewegte: Wildschweine, Hirsche, Fasane, Drosseln, ja sogar Igel. Das meiste wanderte umstandslos in den Kochtopf. In jüngster Zeit gibt es wachsenden Widerstand gegen die blindwütige Jagd auf Singvögel. Weniger Hemmungen hat man nach wie vor beim Wildschwein, das als kräftiger und kampflustiger Widersacher auf der Pirsch überdies einen ernstzunehmenderen Gegner darstellt als die harmlosen Vögel. Sein Fleisch wird in der ganzen Toscana in Form aromatischer Schinken oder Würste angeboten, vor allem aber in der Maremma, deren ginsterbewachsene Hügel dem *cinghiale* ideale Deckung bieten. Die folgenden Rezepte stammen vom Koch der Tana del Cinghiale, einem abgelegenen Jäger-Treff in der Nähe des Städtchens Tirli.

CINGHIALE alle MELE

Wildschwein mit Äpfeln (6)

Wildschwein, wenn es nicht ganz jung und zart ist, muß mariniert werden. Darüber hinaus sollte das Fleisch unbedingt ein paar Tage abgehangen sein.

1 reichliches kg Wildschwein, am besten von der Rippe
3–4 große Kochäpfel, geschält, entkernt und in Scheiben geschnitten
1 Zwiebel, gehackt
2 Gläser Rotwein
1 kleines Stück Pfefferschote
1 Möhre, gehackt
1 Stange Sellerie, gehackt
Salz
frischer Rosmarin
frischer Thymian
Olivenöl
etwa 1 l Brühe

Für die Marinade:

1 l Rotwein
150 ml Essig
1,75 l Wasser
5–6 Lorbeerblätter
½ Teelöffel Zimt
6 ganze Pfefferkörner
4 Blätter frische Minze
50 g Meersalz
3–4 Zweige frischer Rosmarin
3–4 Zweige frischer Thymian

Aus allen Zutaten die Marinade ansetzen und das in Stücke geschnittene Fleisch vollständig damit bedecken. Wenn die Menge Flüssigkeit nicht reicht, Wein nachgießen. So sollte der Topf drei Tage im Kühlschrank stehen, rühren Sie immer wieder einmal um. Wenn der Geruch unangenehm wird, muß die Marinade erneuert werden – dies ist kein Gericht der *Cucina povera!* Nach den drei Tagen wird das Fleisch sorgfältig unter warmem Wasser abgespült. Das Öl in einer feuerfesten Kasserolle erhitzen und Zwiebel, Möhre, Sellerie, Pfefferschote und Kräuter

hineingeben. Wenn alles weich geworden ist, kommen Fleisch, Salz und Pfeffer hinzu. Von allen Seiten gut anbräunen. Mit dem Rotwein ablöschen und, wenn der ein wenig verkocht ist, eine Tasse Brühe nachgießen. Zugedeckt 2–3 Stunden schmoren lassen, bis das Fleisch zart ist. Wenn die Flüssigkeit zu stark einkocht, schütten Sie immer etwas Brühe nach.
½ Stunde vor Ende der Garzeit legt man die Apfelscheiben auf das Fleisch, Topf wieder zudecken. Auf geröstetem Brot oder fritierter Polenta servieren (s. S. 49).

LEPRE DOLCE e FORTE

Hase in süßer Sauce (6)

Diese klassische Zubereitung von Wild verlangt in jedem Fall ein Fleisch mit kräftigem Aroma. Das Gericht hat einen besonderen, geradezu exotischen Geschmack und wird am besten einen Tag vor dem Verzehr zubereitet.

---

1 großer Hase, gesäubert
50 g Bauchspeck, fein zerkleinert
3 Zweige Thymian
kräftige Hühner- oder Rindsbrühe
Olivenöl
300 g Tomaten
2 Eßlöffel Petersilie, gehackt
1 großes Glas Weißwein
2 zerkrümelte Lorbeerblätter

Für die Marinade:

½ l Weißwein
1 Glas Weißwein-Essig
1 Zwiebel, mit 4 Gewürznelken gespickt
in Scheiben geschnittene Stangensellerie
in Scheiben geschnittene Möhren
zerdrückter Knoblauch
3 Wacholderbeeren
6 Pfefferkörner

Für die Sauce:

2 Eßlöffel Zucker
2 Eßlöffel Wasser
2 Eßlöffel Rotweinessig
50 g bittere Blockschokolade
40 g Rosinen, gewässert
60 Pinienkerne
2 Eßlöffel Zitronat und Orangeat, gemischt

Aus allen Zutaten die Marinade ansetzen und den gut gewaschenen und in Stücke zerlegten Hasen 24 Stunden lang in der Flüssigkeit beizen, dabei häufig umrühren. Dann das Fleisch abtropfen lassen, säubern und trocknen. In einer feuerfesten Kasserolle etwas Öl erhitzen und Thymian, Petersilie, Lorbeerblätter und Bauchspeck zugeben. Darin den Hasen gut anschmoren und salzen. Jetzt gießt man ein Glas Wein in den Topf und wartet, bis es verkocht ist, bevor die Tomaten hinzukommen. Bei niedriger Hitze im geschlossenen Topf mindestens 2 Stunden schmoren, nach Bedarf die Flüssigkeit mit Brühe auffüllen. Etwa ½ Stunde vor dem Ende der Garzeit wird der Zucker mit Wasser über kleiner Flamme leicht braun karameliert. Dort hinein kommen die in Essig aufgelöste Schokolade und, einige Minuten später, Rosinen, Pinienkerne und die Mischung aus Orangeat und Zitronat. Gut durchmischen und vom Feuer nehmen. Sodann passiert man den Hasenfond durch ein Sieb, gießt ihn wieder in die Kasserolle und gibt nach und nach die Sauce hinzu. 10 Minuten gut durchwärmen und mit einem knackigen Borretsch-Salat servieren.

* Statt des Käses kann man bei diesem Gericht auch gut einige Eßlöffel Bechamel-Sauce nehmen.

CIPOLLE alle GROSSETANA

Gefüllte Zwiebeln (4)

Dieses Rezept existiert in der Maremma in Hunderten von Varianten. Manche Köche ersetzen Muskat und Zimt durch eine halbe feingehackte Pfefferschote, manche geben 15 g eingeweichte, ausgepreßte und kleingeschnittene Dörrpilze hinzu. Welche Version Sie auch immer wählen – diese Zwiebeln geben an einem kalten Wintertag ein überaus wohlschmeckendes Mittagessen ab.

4 große oder 8 kleine Zwiebeln
125 g Rinderhack
Butter
Olivenöl
Salz und Pfeffer
¼ Teelöffel Muskat
125 g pikante Wurst, durch den Wolf gedreht
1 Ei
1 Glas trockener Weißwein
4 Eßlöffel geriebener Pecorino oder Parmesan*
¼ Teelöffel Zimt

Die Zwiebeln schälen und in Salzwasser etwa 10 Minuten weichkochen. An der Unterseite wird dann jede Zwiebel durch Kappen der Spitze ›standfest‹ gemacht. Zwiebel aushöhlen, daß nur noch eine Hülle übrigbleibt. Der Rest wird fein gehackt und mit Rinderhack und Würstchen in Butter gebräunt. Dann die Gewürze und den Wein unterrühren. Wenn die Flüssigkeit wieder eingekocht ist, abkühlen lassen. Gut mit Ei und Käse vermischen und die Zwiebeln damit füllen. Auf einem eingeölten Backblech bei 180° C (Gas: Stufe 4) etwa 25 Minuten braun backen. Ab und zu mit Wasser oder Brühe beträufeln.

CANNELLA

DA LAUDOMIA

Vor hundert Jahren war Da Laudomia eine kleine Poststation, die nach den Großeltern des gegenwärtigen Besitzers Locanda Butelli hieß. Reisende konnten dort die Pferde wechseln, eine Mahlzeit einnehmen und von Hosen bis zu hausgemachten Süßigkeiten fast alles kaufen. Laden und Pferde gehören längst der Vergangenheit an, Da Laudomia aber sieht, vom geänderten Namen einmal abgesehen, mehr oder weniger aus wie damals. Die heutige Wirtin, Clara Detti, kann Ihnen über die

Geschichte des Hauses und die Küche der Maremma mehr erzählen, als Sie in irgendeinem Buch zu diesem Thema finden.

AQUACOTTA
Gemüse-Brotsuppe (4)

Signora Detti meint Aquacotta (wortwörtlich: gekochtes Wasser) gehe auf umherziehende Carbonari oder Kohlebrenner zurück, die in der Maremma während des Winters arbeiteten. Sie waren so arm, daß sie in Iglos aus Zweigen wohnten, die um ein immer brennendes Kohlefeuer standen. Über jedem dieser Feuer hing ein Topf mit siedendem Wasser. Alles Eßbare, das zusammengekratzt oder gegen Kohle getauscht werden konnte, wanderte hier hinein. Normalerweise handelte es sich um Knoblauch, hartes Brot und Zwiebeln; als die Zeiten besser wurden, kamen Tomaten, Sellerie oder 1–2 Eier hinzu. Aus seinen bescheidenen Anfängen hat sich Aquacotta zu einer etwas verfeinerten Ausgabe entwickelt, die ursprüngliche Einfachheit ist jedoch erhalten geblieben. Zu den zahlreichen Varianten dieser Suppe gehört auch eine mit getrockneten Pilzen und einem würzigen, gegrillten Würstchen pro Person. Gleich welche Variation

Sie wählen, die Suppe schmeckt immer am besten wenn man sie müde und hungrig ißt.

2–3 große Zwiebeln, fein gehackt
750 g Tomaten, gehäutet und entkernt (oder eine Mischung aus 300 g süßen, roten Paprikaschoten und 450 g Tomaten)
5–6 Selleriestangen, gewürfelt (mit Blättern)
4 Eßlöffel gutes Olivenöl
1 l kochendes Salzwasser
4 Eier
8 Scheiben trockenes Brot, geröstet (oder in Olivenöl gebraten, falls Sie nicht allzu sehr auf Ihr Gewicht achten müssen)
Salz und Pfeffer
Parmesan oder Pecorino

Das Olivenöl in einer mittelgroßen Pfanne erhitzen und Zwiebeln und Sellerie bei schwacher Hitze darin leicht anbräunen. Tomaten, Salz und Pfeffer hinzufügen, dann 20 Minuten köcheln lassen. Das kochende Wasser hineingießen und weitersieden lassen. In der Zwischenzeit wird das Brot geröstet (oder gebraten) und auf den Boden einer feuerfesten Suppenterrine gelegt. Wenn die Suppe gut schmeckt (nach etwa 30 Minuten), die Terrine bei niedriger Hitze auf den Herd stellen und die Suppe hineingeben. Jetzt die Eier einzeln so in die Suppe aufschlagen, daß die beiden Eigelb separat plaziert sind und nicht auslaufen. (Vorsichtshalber können Sie die Eier zunächst über einer Tasse aufbrechen). Sobald die Eier fest geworden sind, kann die Suppe mit viel frischgeriebenem Parmesan oder Pecorino serviert werden.

MAIALE con LATTE
Schweinefleisch mit Milch (4)

Die Sauce dieses bei Da Laudomia zubereiteten Gerichts sieht am Schluß leicht geronnen aus. Wenn Sie das stört, können Sie die fertige Sauce vor dem Servieren durchsieben und nochmals leicht erhitzen.

---

1 kg Schweinelende, ohne Knochen
100 g Butter
1 große Tomate, gehäutet, entkernt und fein zerhackt
1 Knoblauchzehe, zerdrückt
3 Lauchstangen, fein geschnitten
1 Selleriestange, gewürfelt, mit Blättern
2 große, frische Thymianzweige
1 Liter Milch
Salz und Pfeffer, Mehl

Die Butter in einer Kasserolle zerlassen, die groß genug ist, sämtliche Zutaten zu fassen. Sellerie, Lauch, Knoblauch und Tomate hineingeben. Dann auf niedriger Hitze schmoren, bis Sellerie und Lauch weich sind. In der Zwischenzeit das Schweinefleisch mit Thymian bestreuen, das Fleisch aufrollen, mit Faden verschnüren, und gut mit Salz und Pfeffer einreiben. Anschließend wird es in Mehl gewälzt und bei schwacher Hitze zu dem Gemüse in die Kasserolle gegeben. Während das Fleisch anbräunt, die Milch fast zum Kochen bringen und darübergießen. Lassen Sie das Fleisch 2 Stunden lang im vorgeheizten Ofen (180° C/Gas: Stufe 4) schmoren. Gelegentlich nachschauen, damit die Milch nicht anbrennt. Falls das Fleisch auszutrocknen droht, ein paar Eßlöffel Wasser zugeben. Fleisch in Scheiben mit der Sauce servieren.

In Mario und Nadia Lupis Bar auf den Klippen von Sorano gibt es zu Weihnachten eine mit Honig gefüllte Süßigkeit.

SFRATTI

Walnußröllchen (2 Dutzend)

Diese delikate Süßigkeit ist antiken Ursprungs. Soweit es sich zurückverfolgen läßt, liebten die Etrusker sie ebenso wie die Gäste in Lupis Bar.

Für den Teig:

110 g Zucker
110 g kalte Butter, in kleine Stücke geschnitten
250 g Weizenmehl
1 Ei, geschlagen
eine Prise Natron
2 Eßlöffel Milch (ungefähr)
abgeriebene Schale ½ Zitrone

Für die Füllung:

250 g Honig
250 g Walnüsse, sehr fein gehackt
25 g feine Brotkrümel
abgeriebene Schale ½ Zitrone

Zuerst wird die Füllung hergestellt. Den Honig bei schwacher Hitze 20 Minuten lang kochen. Die Walnüsse hinzufügen und 10 Minuten weiterkochen. Dann die Brotkrümel und die Zitronenschale gründlich einrühren und die Mischung abkühlen lassen. In der Zwischenzeit wird der Teig hergestellt. Dafür Mehl und Natron zusammen auf ein Backbrett sieben. Den Zucker untermischen, in die Mitte eine Vertiefung drücken und Ei, Zitronenschale sowie Butter hineingeben. Alles zu einem festen Teig verkneten – falls nötig, ein wenig Milch dazutun, damit er geschmeidig bleibt. Anschließend 30 Minuten kühlen, sehr dünn ausrollen und auf eine Breite von 5 cm zurechtschneiden. Mit einer feinen Schicht der Füllung bestreichen und vorsichtig zu langen Röllchen formen. Diese auf ein gefettetes Backblech geben, mit geschlagenem Ei bestreichen. Im vorgeheizten Backofen bei 200° C (Gas: Stufe 6) 15 Minuten goldbraun backen. Auf einem Rost abkühlen lassen und in mundgerechte Stücke schneiden.

L'ETTO L 2000
L'ETTO L 1200
PECORINO NOSTRALE
L'AMATORE
CASEFICIO AMADORI
TUTTAPECORA
PECORINO SENESE
PURA PECORA FRESCO

TORTINO di POMODORI

Tomaten-Eierkuchen (4)

Dieses einfache Rezept aus der südlichen Toscana hat große Ähnlichkeit mit einem baskischen Gericht namens *pipérade*, allerdings ohne Schinken. Es kommt am besten direkt vom Ofen auf den Tisch.

6 Eier, geschlagen
4 reife Tomaten, geschält, entkernt und zerkleinert
¼–½ Pfefferschote, fein geschnitten
1 Knoblauchzehe, zerkleinert
4–5 frische Basilikumblätter, in kleine Stücke zerpflückt
½ Zwiebel, fein gehackt
Olivenöl
Salz und Pfeffer
geriebener Pecorino

Zwiebel, Knoblauch und Pfefferschote in Öl bei schwacher Hitze schmoren. Wenn sie weich, aber nicht braun sind, Tomaten und Basilikum hinzufügen. Pfanne zudecken und schmoren lassen, bis die Tomaten zerkocht sind. Geschlagene Eier, Salz und Pfeffer zufügen. Wenn die Masse stockt aber auf der Oberfläche noch weich ist, einige Löffel Pecorino zufügen und das Ganze unter den heißen Grill geben. Ganz heiß servieren, mit einigen frischen Basilikumblättchen garniert und frischem, knusprigen Brot.

* Ein anderer einfacher und guter *tortino* wird bereitet, indem man 2½ Eßlöffel Mehl, 7 Eßlöffel Milch, 5 Teelöffel Zucker und 2 in Scheiben geschnittene Äpfel vermischt und alles in Butter wie ein Omelett brät. Mit Zucker bestreuen.

. . . Mein guter Abt, Du hast Kuchen und Suppen zubereitet
mit soviel Käse hast Du meinen Körper durchdrungen,
daß – sollte ich bei Dir bleiben –
ich aufhören würde, Paolo zu sein, und zu einer Art
von Käse würde.

(Paolo Uccello zugesprochenes Zitat, als er an einem Fresko für den Abt von S. Miniato arbeitete.)

Es scheint, daß der Überdruß Uccellos dem Pecorino galt, dem scharfen Käse aus Schafsmilch, den es schon zu Zeiten der Römer gab. Er ist der bekannteste Käse der Toscana und stets zu bekommen. Es gibt über 100 verschiedene Sorten, aber bitte probieren Sie ohne Vorurteil. Der cremige gelbe Pecorino aus der Maremma ist vorzüglich und scheint verlockender als die ebenso guten kleineren Käse aus Siena mit harter, roter Rinde oder der mit Schimmel bedeckte Pecorino, der das Aroma der verschiedenen Blätter angenommen hat, in die er eingewickelt war. Alle Pecorino-Sorten verändern ihren Charakter, wenn sie älter werden – angefangen von einer dem Gouda ähnlichen Konsistenz, wenn sie frisch sind, bis zu einem scharfen und bröckeligem Zustand – ähnlich dem Parmesan – bei der Reife.

OLIO ALL'ARRABIATA
›WÜTENDES‹ ÖL

Falls Sie unsicher sind, ob Ihre Freunde Pfefferschoten mögen, füllen Sie eine kleine, verkorkte Flasche zu drei Vierteln mit Olivenöl und einigen ganzen Pfefferschoten (die leicht zerdrückt sind). Läßt man sie einige Tage darin, wird das Öl ›wütend‹ genug, um dem Geschmack jeder heißblütigen Person zu entsprechen. Als Würze bei Tisch gereicht, kann man sich je nach Geschmack mit ein paar Tropfen bedienen. Für *fettunta* (Seite 29), oder andere rustikale toscanische Suppen wie *Pappa al Pomodoro* ist das Öl besonders gut geeignet.

An der Küste

Restaurants
Camaiore: Emilio e Bona · Ponte di Sasso – Elba: Da Guerra · Da Marcello – Pisa: Enoteca Sergio – Viareggio: Romano

Sehenswürdigkeiten
Elba: Portoferraio · Napoleons Villa dei Mulini · S. Ilario in Campo · Bergdörfer – Pisa: Dom und schiefer Turm – Viareggio: Strand

EINFÜHRUNG

Eine Stunde mit der Fähre von der toscanischen Maremma entfernt, liegt die bergige Insel Elba, die größte im toscanischen Archipel. Ihre riesigen Eisenvorkommen decken weitgehend den italienischen Bedarf und werden seit mindestens 3000 Jahren hier abgebaut. Der wichtigste Hafen heißt seit dem 8. Jahrhundert Portoferraio (Eisenhafen) – der große Eisengehalt des Bodens ist auch der Grund für die Vielfältigkeit der heimischen Weine.

Möglicherweise bedingt durch diesen Mineralienreichtum, wurde Elba abwechselnd von den Sizilianern, Etruskern, Römern, Mauren, Spaniern, Pisanern und natürlich von den Franzosen unter Napoleon besetzt und besiedelt. Deshalb erstaunt es niemanden, daß die Inselküche ein solcher Schmelztiegel aus den verschiedensten Kochstilen ist, jeder mit seinem ureigenen elbanischen Einschlag. Man kann in Portoferraio *Puttenaio*, einen der *Ratatouille* ähnlichen Gemüseeintopf, oder *La Sburrida*, eine Fischsuppe spanischen Ursprungs, in Capoliveri essen. Einer Legende zufolge versprach Cosimo de' Medici hier im 16. Jahrhundert spanischen Piraten, er werde ihren Lieblingsplatz verschonen, wenn sie ihm Gleiches für seine Stadt Cosmopolia versprächen.

Nicht alle Besucher kamen aus militärischen Gründen nach Elba. Den Tourismus gab es mit Sicherheit schon 1914. In einem Buch namens »Napoleons Elba«, das in jenem Jahr erschien, schreibt die Engländerin Lydia Bushnell Smith sie habe »die obligatorische Postkarte der Insel gekauft«. Erst später kamen die Touristen wegen der feinen Sandstrände und nicht mehr, weil sie mit Elba Napoleon assoziierten.

Livorno, kommerziell gesehen der toscanische Haupthafen, wird wohl kaum, wie Elba, unter dem Touristenstrom zu leiden haben. Die ›ideale Stadt‹, von den Medicifürsten erbaut, verlor durch schwere Bombardements während des Zweiten Weltkrieges viele schöne Bauten und damit an Charme. Noch immer einer der größten Häfen im Mittelmeerraum, ist die Stadt heute wegen ihrer Fischgerichte *alla livornese* bekannt. Diese an Tomaten, Petersilie und Knoblauch reichhaltige Küche kann fast an der gesamten toscanischen Küste genossen werden.

Einige Kilometer nördlich am Arno liegt Pisa, dessen Hafen florierte, als Livorno noch ein kleines mittelalterliches Fischerdorf war. Diese Epoche ging 1284 zu Ende, als Pisas Flotte in einer Schlacht zerstört wurde und die Regierung erlaubte, den Hafen mit Treibsand zu füllen. Heutzutage befindet sich Pisa im Binnenland, ist nicht mehr als Hafen-, sondern als Universitätsstadt eine der renommiertesten Italiens. Ihre wissenschaftliche Fakultät hat seit Galileos Zeiten eine führende Position; bekanntlich war er es, der vom schiefen Glockenturm, dem *Campanile pendente*, die Gesetze vom ›freien Fall‹ erprobte. Der Campanile ist neben dem schwarz/weiß gestreiften Dom, der schönen Taufkapelle und dem riesigen Friedhof das touristische und kirchliche Zentrum der Stadt. Das Herz Pisas bleibt aber die Marktgegend nördlich des Arno. Die mittelalterlichen Häuser dehnen sich hier auf verrückte Weise über die Gehsteige aus, formen schmale Tunnel, die die Piazze miteinander verbinden. Ausländische Studenten bedrängen stämmige pisanische Hausfrauen auf der Suche nach den frischesten winzigen Cee, wie man hier die klitzekleinen Aale, eine typische Spezialität, nennt.

Der Dichter Percy Bysse, der im 18. Jahrhundert in der Toscana lebte, schrieb einige seiner besten Gedichte in Pisa. Er bezeichnete die Gegend als das »Paradies der Verbannten«, eine besonders treffende Beschreibung für den vielbesuchten Küstenort Viareggio. Im Sommer ist die berühmte Piazza Shelley mit englischen Touristen überfüllt, die alle andächtig vor dem Denkmal des Dichters verharren. Darauf steht, die Leiche des Ertrunkenen sei 1822 in Viareggio an den Strand gespült worden, doch diese Tatsache hält die bedächtigen Engländer selbstverständlich nicht davon ab, in einem der exzellenten Fischrestaurants des Ortes zu speisen.

N A P O L E O N

Als der besiegte Napoleon nach Elba kam, begann er sofort, sein Inselgefängnis umzugestalten. Zu seinen ersten Taten gehörte die Verwandlung zweier alter Windmühlen in die herrliche Villa PALAZZINO DEI MULINI, die – von Palmen und Zypressen umgeben – auf einem Hügel bei Portoferraio steht.

PUTTENAIO

Gemüseeintopf (4)

Napoleons Aufenthalt, kurz wie er war, schlug sich doch auf die Inselküche mit einem entschieden französischen Einfluß nieder. Das beweist u. a. der folgende Gemüseeintopf, den man abfällig-liebevoll Puttenaio *(Hureneintopf) nennt; er hat eine gewisse Ähnlichkeit mit der berühmten französischen Ratatouille.*

600 g grüne Paprika
2 große Kartoffeln
2 Auberginen
1 Stange Sellerie
1 Möhre
1 große Zwiebel
600 g reife Tomaten, gehäutet und entkernt
2 Zucchini
Olivenöl
eine kleine Handvoll frische Kräuter wie Petersilie, Rosmarin, Thymian oder Basilikum
1 Prise Meersalz
2 Knoblauchzehen, zerdrückt

Die Zwiebel in feine Scheiben, das restliche Gemüse in grobe Stücke zerschneiden. Das Öl wird in einer großen Pfanne erhitzt und alles, außer den Tomaten und Kräutern 10–15 Minuten darin gebraten. Dann Salz und Tomaten dazugeben und bedeckt bei großer Hitze 10 Minuten kochen. Anschließend etwa 1 Stunde lang köcheln lassen. 15 Minuten vor Ende des Kochens die frischen Kräuter hinzufügen. Dieses Gericht eignet sich ausgezeichnet (und zwar heiß oder kalt) zu gekochtem Fleisch.

* Falls die Tomaten nicht sehr schmackhaft sind, ist es besser, ganz zu Anfang einige Löffel Tomatenpüree beizugeben.

einiger Fischer zu bewundern. Der Kaiser, der bekanntlich einfache Leute und schlichtes Essen schätzte, lud die Männer nach einem Schwätzchen zum Abendessen in die Villa Mulini ein; das Mahl bestand aus ihrem eigenen Fisch! Das nun folgende Rezept für frische, gegrillte Sardinen stammt aus Signora Pierangela Piras' ausgezeichnetem Buch »L'Isola d'Elba in Cucina«. Die Zubereitung ist klassisch, und es ist

PESCE ARROSTO

Gegrillter Fisch (4)

In einer Geschichte über Napoleon heißt es, er habe auf einem seiner häufigen Spaziergänge um Portoferraio angehalten, um den Fang

durchaus denkbar, daß der Fisch an jenem Abend so serviert wurde.

Frische Sardinen – die Anzahl hängt davon ab, ob sie als Vorspeise oder Hauptgericht gedacht sind
1 Teelöffel Meersalz
1 Knoblauchzehe
3 Eßlöffel Olivenöl
100 g Fenchelknolle und Blätter, fein gehackt
½ Pfefferschote
1 Eßlöffel Weißweinessig

Säubern Sie den Fisch gründlich. Zutaten im Mörser zerdrücken und eine Marinade herstellen – falls nötig, mehr Öl hinzufügen. Den Fisch 30–40 Minuten in die Marinade einlegen, öfters wenden; danach unter einmaligem Wenden grillen, wiederholt mit Marinade bestreichen. Falls Sie ein Grillrost verwenden, streichen Sie es vorher mit Öl ein, damit der Fisch nicht anklebt.

Verständlicherweise schmecken diese Fische am besten, wenn sie über Holzfeuer gegrillt werden (die Toscaner nehmen Kastanienholz, das besonders aromatisch ist). Falls Sie auf Kohle angewiesen sind, werfen Sie frische Kräuter darauf, um Luft und Fisch zu würzen.

ZUCCHINI RIPIENI

Gefüllte Zucchini (4)

Diese delikate elbanische Art, die ersten Frühlingszucchini zuzubereiten, eignet sich gleich gut für kleine Auberginen. Sie können auch einen großen gemischten Teller mit panierten und in Öl ausgebackenen Zucchini zusammenstellen.

8 winzige Zucchini
200 g mageres Rindfleisch
100 g zerkleinerte Mortadella
Olivenöl
Öl zum Fritieren
4 Eier, geschlagen
4 Eßlöffel geriebener Parmesan
2 Eßlöffel frischer Thymian, zerhackt
2 Knoblauchzehen, zerkleinert
1½ Tassen kleine Brotkrumen

Die Zucchini 2–3 Minuten kochen, bis sie gerade zart sind, dann der Länge nach durchschneiden und das Fruchtfleisch entfernen. Das Öl in einer Pfanne erhitzen, Rindfleisch und Knoblauch darin anbräunen. Die Pfanne vom Herd nehmen, Mortadella, Zucchinifleisch, Käse, Thymian und 2 Eier untermischen. Die Zucchini mit dieser Mischung füllen und die Hälften mit einem Faden zusammenschnüren. Dann in Ei tauchen und so lange in Brotkrumen wälzen, bis sie vollständig bedeckt sind. Im vorgeheizten Backofen bei 230° C (Gas: Stufe 8) backen oder fritieren, bis sie knusprig und braun sind. Vor dem Verzehr den Faden entfernen.

Aus ganz Elba kommen die Leute, um in Marcellos kleinem, gemütlichen Fischrestaurant im Hafen Marciana Marina direkt am Meer zu speisen. Der Wirt serviert frischen Fisch und regionale Spezialitäten sowohl seinen Stammkunden als auch Besuchern, die es zu schätzen wissen.

SPAGHETTI alla MARINARA

Spaghetti mit Meeresfrüchten (4)

Diese ist eine freie Abwandlung von Marcellos delikatem Rezept, aber es kann je nach Jahreszeit und individuellem Geschmack z. B. auch mit Krabben oder Hummer weiter variiert werden, obwohl das eher extravagant ausfiele.

450 g der dünnsten Spaghetti
100 g Krake
100 g Sepia ohne Tintensack
500 g Miesmuscheln
500 g Venusmuscheln, über Nacht in Salzwasser eingelegt
3 Eßlöffel frische, gehackte Petersilie
2 Knoblauchzehen, zerhackt
1 Zwiebel, fein gehackt
1–2 Gläser trockener Weißwein
6 Eßlöffel Olivenöl
Salz

Kochen Sie die Hälfte der Miesmuscheln in wenig Wasser, bis sie sich gerade zu öffnen beginnen. Die übrigen Muscheln bleiben vorerst beiseite. Sepia und Krake werden gesäubert und fein zerschnitten. Die gekochten Miesmuscheln von ihren Schalen befreien und ebenfalls kleinschneiden. Das Öl in einer mittelgroßen Pfanne erhitzen, die Zwiebel darin anbraten. Sobald sie glasig ist, Krake, Sepia und die zerkleinerten Miesmuscheln hinzufügen. Ungefähr 5 Minuten lang kochen, dann den Wein dazugießen. Wenn dieser teilweise verdampft ist, Knoblauch und Petersilie beigeben. Nach 10 Minuten die noch übrigen Miesmuscheln und Venusmuscheln mit Schalen dazugeben, salzen und weitere 5–10 Minuten kochen, bis sie sich alle geöffnet haben. Die noch geschlossen sind, werden weggeworfen. In der Zwischenzeit die Spaghetti in Salzwasser zum Kochen bringen. Wenn sie fertig sind, abtropfen lassen und die Sauce darübergießen. Mit gehackter Petersilie bestreut servieren.

· DA · MARCELLO ·

FONTE
RENDEZ-VOUS
DA MARCELLO
grissini
all'olio d'oliva
TIPO torinesi
FIORAVANTI

· DA GUERRA ·

Die Elbaner behaupten, bei ihnen regne es im Sommer nie. Glauben Sie das nicht, denn das passiert durchaus. Falls Sie aber solches Pech haben sollten, jammern Sie nicht über die verlorenen Tage am Strand, sondern genießen Sie in Ruhe die langen Mahlzeiten, denn die elbanische Küche hat viel zu bieten. Da Guerra in Portoferraio ist eine große, familienbetriebene Trattoria, in der man neben ausgezeichnetem Fisch auch andere Spezialitäten bekommt.

RISO NERO

Schwarzer Reis (4–6)

Riso Nero war ursprünglich ein florentinisches Gericht. Lassen Sie sich von seinem Anblick nicht abschrecken – gemeint ist zwar schwarzer Reis, und er ist tatsächlich schwarz, aber die Farbe stammt aus dem Beutel des Tintenfisches. Schmecken tut er trotzdem ganz herrlich.

- 700 g kleine Tintenfische
- ½ Zwiebel, fein gehackt
- 3 gehäufte Löffel fein gehackte Petersilie
- 2 Knoblauchzehen, zerdrückt
- 500 g Tomaten, gehäutet, entkernt und zerkleinert
- ¼ Pfefferschote, zerdrückt
- 120 ml Olivenöl
- 450 g italienischer Aborio Reis
- Meersalz
- schwarzer Pfeffer
- 1 Flasche trockener Weißwein

Die Tintenfische werden sehr gründlich gewaschen – achten Sie darauf, daß die Tintenbeutel nicht zerplatzen, sie werden anschließend abgeschnitten und beiseite gelegt. Den Fisch, einschließlich der Tentakel ziemlich fein schneiden. In einer tiefen Pfanne wird das Öl erhitzt und die Zwiebel langsam darin angedünstet, bis sie weich ist, dann den Tintenfisch dazugeben. Etwa 10 Minuten köcheln lassen, dann den Weißwein hineingießen. Wenn dieser verdampft ist, Tomaten, Petersilie, Knoblauch, Pfefferschote, Salz und Pfeffer zugeben. 15 Minuten weiterkochen lassen, wenn nötig Wasser nachfüllen, da die Sauce sehr flüssig sein muß, um darin den Reis kochen zu können. Jetzt den Reis und die ›Tinte‹ vom Fisch dazutun, gut verrühren. Nun weiterkochen wie jeden anderen Risotto. Heiß, als Vorspeise oder leichtes Hauptgericht servieren.

TRIGLIA alla LIVORNESE

Rotbarbe auf livornesische Art (4)

Livorno ist zwar keine Stadt, die von Touristen gerne besucht wird, aus ihrem großen Hafenareal stammen aber einige der bekanntesten Fischrezepte der Toscana. Sollten sie Ihnen fernab ihres Ursprungsortes aufgetischt werden: Sie lassen sich am reichhaltigen Gebrauch von Tomaten, Knoblauch und Petersilie erkennen.

- 12 kleine, gesäuberte Rotbarben
- 500 g Tomaten, gehäutet, entkernt und zerkleinert
- 2 Knoblauchzehen, zerkleinert
- 2 Zweige frischer Thymian
- Meersalz
- schwarzer Pfeffer
- 4 Eßlöffel gehackte Petersilie
- Mehl
- Olivenöl zum Braten
- ½ Pfefferschote, zerdrückt

Die Fische werden lose mit Mehl bestäubt und in eine große Pfanne mit siedendem Öl gelegt. 2–3 Minuten auf jeder Seite braten, aus der Pfanne nehmen und warm stellen. Dann Knoblauch, 3 Eßlöffel der Petersilie, Thymian und Pfefferschote hinzufügen und umrühren, bis der Knoblauch zu bräunen beginnt. Jetzt Tomaten, Salz und Pfeffer zugeben und 20–30 Minuten weiterbrutzeln lassen, bis die Sauce sich allmählich verdickt. Die Fische werden wieder in die Pfanne gelegt – Vorsicht, damit sie nicht zerfallen – und noch 5 Minuten erhitzt. Mit der restlichen Petersilie bestreut sofort servieren.

Eine üppige Auswahl von Käse, Schinken und Wurst in einem Schaufenster in Pisa

DER MARKT VON PISA

Einer der schönsten und schnellsten Wege, das ›richtige‹ Pisa kennenzulernen (und das ist nicht leicht), besteht darin, das Gassengewirr um die Piazza Sant'Omobono, dem Marktplatz, zu erkunden. Hier lassen sich alle möglichen und unmöglichen Dinge erwerben. Bei TUTTOVO, an der Piazza Donati 1, kann man durch eine Glaswand zuschauen, wie drinnen eine unglaubliche Vielfalt an Pasta hergestellt wird – von wilden Nesselravioli bis zu Tagliatelle aus Bitterschokolade. Die CASA DEL FORMAGIO bietet fast genauso viele Arten toscanischen Pecorino, eine Kostprobe kann möglicherweise den Geschmacksinn erweitern.

POLLO all'ARRABIATA
›Wütendes‹ Hühnchen (4)

1 Huhn, ungefähr 1 kg, in Stücke geschnitten
1 große Zwiebel, fein gehackt
½ Pfefferschote, leicht zerdrückt
2 Knoblauchzehen, zerkleinert
4–5 Tomaten, gehäutet, entkernt und grob zerteilt
275 ml Chianti
3 Eßlöffel Olivenöl
Salz und Pfeffer

Das Öl in einer großen, schweren Pfanne erhitzen, Knoblauch und Zwiebel darin golden (aber noch nicht braun) dünsten. Die Hühnerstücke dazugeben und ringsum gründlich anbräunen. Dann den Wein, die Pfefferschote, Salz und Pfeffer hinzufügen und auf kleiner Flamme unter häufigem Wenden köcheln, bis der Wein zur Hälfte verdunstet ist. Jetzt die Tomaten hineingeben und bedeckt 25 Minuten weiterkochen, bzw. bis das Hühnchen zart ist. Schmeckt großartig mit einfachen, in wenig Olivenöl geschwenkten Nudeln und reichlich frischgehackter Petersilie.

* Andere beliebte und delikate Varianten lauten: 10 Minuten vor Ende des Kochens 4 Teelöffel feingehackte Kapern (die über Nacht in Wasser eingelegt wurden, um den Essig teilweise zu entfernen) sowie 1 kleingehacktes Anchovisfilet beigeben; oder: ¼ Stunde vor Ablauf der Garzeit 2 große, in dünne Scheiben geschnittene rote oder grüne Paprikaschoten hinzufügen; oder: 2 großzügige Handvoll kleiner, grüner Oliven (vorher mit kaltem Wasser abspülen), zugeben, wenn das Hühnchen zu kochen beginnt.

CECI alla PISANA

Kichererbseneintopf (4–6)

Diese herzhafte Bauernsuppe schmeckt am besten, wenn man sie vorkocht, wieder aufwärmt und sofort serviert.

- 300 g getrocknete Kichererbsen
- 2 große, reife Tomaten, gehäutet und zerteilt
- 4–6 Scheiben Brot
- 2 große Sardinen aus der Dose, unter fließendem Wasser gewaschen und zerdrückt
- 1 mittelgroße Zwiebel, fein gehackt
- 3 Knoblauchzehen
- 300 g Mangold oder Grünkohl
- Olivenöl
- 2 Eßlöffel frischer, zerhackter Rosmarin
- eine Prise Meersalz
- frischgemahlener schwarzer Pfeffer

Die Kichererbsen mit Wasser bedeckt über Nacht an einem warmen Ort einweichen. Dann abtropfen lassen, erneut mit Wasser bedecken und 1½ Stunden weichkochen. Abtropfen lassen, das Kochwasser aufbewahren. Zwiebel, Sardinen und Knoblauch werden bei mittlerer Hitze in einer schweren Pfanne in Öl gedünstet. Gleichzeitig Mangold oder Kohl in einem Teil des verwahrten Kochwassers blanchieren. Den Knoblauch von Zwiebeln und Sardinen trennen (oder darinlassen, je nach Geschmack), Kichererbsen, Mangold (mit einer halben Tasse des Kochwassers), Tomaten, Salz und Pfeffer hinzufügen. Bedeckt bei kleiner Flamme ungefähr 3 Stunden kochen lassen, gelegentlich ein paar Eßlöffel Kichererbsenflüssigkeit nachgeben, falls der Eintopf auszutrocknen droht. In jede Suppenschüssel eine Scheibe geröstetes Brot legen, die Suppe hineingießen und mit einem Krug kaltem Olivenöl, in dem vorher das Rosmarin 10–15 Minuten lang erwärmt wurde, servieren. Als Beilage eignet sich ein bitterer Salat aus gekräuselten Endivien, Chicoree und Löwenzahn mit einer Mischung aus Zitronensaft und Olivenöl mit Kräutern.

INSALATA di TONNO e PATATE

Thunfisch-Kartoffelsalat (4)

Der toscanische Salat aus Thunfisch und Bohnen ist zwar nicht besonders bekannt, mit frischen, weißen Cannellini-Bohnen wird daraus aber ein delikates Sommergericht. Alternativ schlägt ein pisanischer Fischhändler vor, die Bohnen durch kleine, neue Kartoffeln zu ersetzen. Er verwendet frischen Thunfisch, der vorher über einem Kastanienfeuer gegrillt wurde – mit gutem Dosenthunfisch, ist der Salat genauso schmackhaft.

8 kleine, neue Kartoffeln
200 g Thunfisch (in Olivenöl)
1 mittelgroße rote Zwiebel, in papierdünne Scheiben geschnitten
2–3 Eßlöffel Weißweinessig,
eine Handvoll fein gehackte Petersilie
1 Knoblauchzehe, zerkleinert
4–5 Eßlöffel Olivenöl
Salz und Pfeffer

Die Kartoffeln mit Schale gar, aber nicht weich kochen. Je nach Größe, halbieren oder vierteln. Während sie noch warm sind, mit Knoblauch, Öl, Essig und Zwiebeln würzen. Der Thunfisch wird mit einer Gabel zerdrückt und den Kartoffeln beigegeben. Petersilie darüberstreuen, mit Salz und Pfeffer würzen.

* TONNO e FAGIOLI
Um den klassischen Bohnensalat herzustellen, werden die Kartoffeln durch 200 g getrocknete Bohnen ersetzt. Diese über Nacht einweichen, abspülen und in frischem Wasser (1–1¼ Stunde) weich kochen. Dann abtropfen lassen und wie im obigen Rezept verfahren. Falls Sie frische Cannellini-Bohnen verwenden, kochen Sie diese vorher 40 Minuten in Wasser.

RISTORANTE SERGIO

Sergio Lorenzi wurde nicht als Koch geboren, oder vielleicht entdeckte er erst spät seine Begabung. Von seiner ehemaligen Arbeit als Mechaniker ist ihm die schroffe direkte Art zuzupacken geblieben, die seinem Feingefühl in der Küche entgegensteht. Das belebte, modische Restaurant befindet sich am Arno und gehört zu den besten der Stadt. Auf elegante Versionen lokaler Küche spezialisiert, bietet es z. B. *Cee alla Pisana* (s. S. 140) oder Trippa mit Muskatnuß und frischen Kräutern gewürzt. Sergio serviert (und verkauft) Öl aus eigenen Oliven für rohes Gemüse und Salate und schwört, es gehöre durch die salzige Meeresbrise der Küste zu den hochwertigsten toscanischen Ölen.

ZUPPA del VESCOVO TARLATI

Hühnersuppe Bischof Tarlati (8–10)

Kurz nachdem er sein eigenes Restaurant eröffnet hatte, schrieb Sergio ein Kochbuch, das von Tips, wie man eine Küche gut organisieren kann, bis zu seltenen Rezeptnotizen aus dem 16. Jahrhundert, die er in einer toscanischen Bibliothek fand, reicht. Darunter auch das folgende für eine *Zuppa*, das Bischof Tarlati möglicherweise vom päpstlichen Hof in Avignon mitbrachte. Bezüglich seiner cremigen Schwere hat es Ähnlichkeit mit der französischen *Soupe à la Reine*.

50 g Butter
50 g Weizenmehl
2 l gute Hühnerbrühe
1 Suppenhuhn von ca. 1,3 kg
1 Zwiebel, grob gehackt
1 Stange Sellerie mit Blättern, grob zerteilt
½ Teelöffel ganze Pfefferkörner
3–4 Gewürznelken
2 Lorbeerblätter
100 g Doppelrahm
4 Scheiben Brot, halbiert und geröstet, bzw. in Öl gebraten
Salz

Die Butter wird in einer schweren Pfanne zerlassen und mit dem Mehl zu einer Mehlschwitze verbunden. Sehr langsam die Hühnerbrühe mit einem Holzlöffel unterrühren, damit sich keine Klumpen bilden. Allmählich zum Kochen bringen, weiterrühren. In der Zwischenzeit das Huhn waschen und mit Zwiebel, Sellerie, Pfefferkörnern, Nelken und Lorbeerblättern füllen. Den Hohlraum vernähen, damit nichts herausfällt. Das Huhn wird jetzt in die schon vorbereitete Brühe gelegt und 45–60 Minuten leicht gekocht. Anschließend das Huhn entnehmen, die Haut abziehen und die Brust fein zerschneiden. Das Beinfleisch zu einer Paste zerdrücken und gründlich mit der Sahne verrühren. Die ursprüngliche Brühe abschöpfen und langsam unter die Mischung heben, damit eine glatte, cremige Suppenkonsistenz entsteht. Dann das Brustfleisch einrühren, mit Salz abschmecken, wieder aufwärmen und auf Brot servieren.

MINESTRA di PESCE

Fischsuppe (4–6)

Sergio stammt aus Camaiore zwischen Lucca und Viareggio, einem Landstrich, wo es pro Quadratkilometer mehr Suppenrezepte gibt als sonst irgendwo in der Toscana. Diese Fischsuppe ist im Gegensatz zu *Cacciucco* sehr einfach herzustellen. Als Spezialität der Schleppnetzfischer des Serchioflusses, sollte sie nach Möglichkeit Aal enthalten.

700 g Salzwasserfisch, gesäubert, entgrätet und in große Stücke zerteilt
300 g Süßwasserfisch, gesäubert, entgrätet und in große Stücke zerteilt
1½ l Wasser
3–4 Knoblauchzehen, zerkleinert
eine Handvoll grob gehackte, frische Petersilie
1 Zwiebel
1 Stange Sellerie
1 Möhre
2 Tomaten
die Schale einer Zitrone
Rinde (Rest) von Pecorino oder Parmesan
6 Eßlöffel Olivenöl
Salz und Pfeffer

Zwiebel, Möhre, Sellerie, Tomaten zerkleinern und mit abgeriebener Zitronenschale und dem Käserest in 1½ l Wasser ungefähr 20 Minuten kochen. In der Zwischenzeit Öl und Knoblauch in einer schweren Pfanne erhitzen, bis der Knoblauch leicht angebräunt ist. Die gehackte Petersilie dazugeben, 2–3mal umrühren, dann den Fisch hinzufügen. Auf beiden Seiten etwas anbräunen lassen, die Brühe hineingießen und das Ganze weitere 20 Minuten kochen. Mit Salz und Pfeffer abschmecken und alles in der Küchenmaschine grob zerkleinern. Zwei in Öl gebratene und mit Knoblauch eingeriebene Stücke Brot in eine Terrine legen und die Suppe hineinfüllen.

SORBETO al VINO ROSSO con PROFUMO di LAMPONE

Rotweinsorbet
mit Himbeeren (4–6)

Wie so viele andere ausgezeichnete Ideen stammt die Erfindung von Früchtesorbets aus der Toscana; sie kam im 16. Jahrhundert nach Frankreich, wo sie dann berühmt wurde. Die Italiener beweisen auf diesem Gebiet immer noch ihr großes Talent. Bei Sergio wird ein leichtes Sorbet wie dieses oft zwischen den verschiedenen Gängen als Erfrischung serviert, insbesondere zwischen Fisch- und Fleischgerichten.

½ l junger Rotwein, vorzugsweise perlender
200 g frische Himbeeren, leicht zerdrückt
150 g Zucker
5–6 frische Minzeblätter (und mehr zum Garnieren)

Zucker, Minzeblätter und Wein werden zusammen ungefähr 2 Minuten gekocht, oder bis der Zucker sich aufgelöst hat. Die Himbeeren hinzufügen und eine Stunde ziehen lassen, gelegentlich umrühren. Die Minze entfernen und die Mischung durch einen Entsafter geben. In eine Eisschale gefüllt etwa 3 Stunden in die Tiefkühltruhe stellen, gelegentlich umrühren, bis sich keine Kristalle mehr bilden. Mit weiteren in Zuckerwasser getauchten Minzeblättern garniert servieren.

Eine Variation dieses Rotweinsorbets erhält man mit einer zusätzlich feingeriebenen ½ Orangen- sowie einer ½ Zitronenschale (nur die äußere Schale, nicht die weiße Innenhaut verwenden), die kurz vor dem Einfrieren hinzugefügt werden. Oder, für ein eleganter gefärbtes Sorbet, einen blassen Rosé oder einen perlenden Spumante (statt des Rotweins) und kernlose, weiße Trauben anstelle der Himbeeren nehmen.

DA ROMANO

Laufen Sie heute durch die Straßen Viareggios, werden Sie den ehemaligen Glanz der ›großen Dame‹ unter den Seebädern noch erkennen. Ihren Höhepunkt hatte sie zur Jahrhundertwende, als die immer noch schönen Jugendstil-Hotels und -Casinos erbaut wurden. Es folgten die etwas weniger eleganten, aber noch glänzenden 20er und 30er Jahre. In den 60er und 70er Jahren manifestierte sich dann der Massentourismus. Viareggio blüht einmal im Jahr zu seiner alten Größe wieder auf – während des phänomenalen Karnevals.
In den kleinen Gassen der Stadt verbergen sich einige der besten toscanischen Fischrestaurants. Eines gehört Romano Franceschini und seiner Frau Franca (sie ist die Köchin).

SPAGHETTI al CARTOCCIO

Spaghetti im Pergamentpaket (4)

Das folgende Gericht ist eines von Francas Spezialitäten. Wenn der *cartoccio* bei Tisch geöffnet wird, verbreitet sich ein delikater Duft, der zu den Höhepunkten des Gerichtes zählt.

300 g Spaghetti
20 g kleine Tintenfische, gesäubert
4 Riesengarnelen
10 Venusmuscheln
8 große Muscheln
6 Miesmuscheln
1 Rotbarbe, gesäubert und entgrätet
1 Knoblauchzehe, zerkleinert
6–8 Basilikumblätter
6 Eßlöffel Olivenöl
4 reife Tomaten, gehäutet, entkernt und zerkleinert
¼ Pfefferschote, zerdrückt
2 Eßlöffel Petersilie, fein gehackt
Salz

In einem großen Topf 3 l Wasser zum Kochen bringen. Gleichzeitig das Öl in einer gußeisernen Pfanne erhitzen und Pfefferschote, Knoblauch und die ganzen Meeresfrüchte darin dünsten. Nach 5–10 Minuten Tomaten, Basilikum und Petersilie hinzufügen. Bei kleiner Hitze weitere 5–10 Minuten köcheln lassen. Wenn das Wasser im großen Topf kocht, Salz und Spaghetti hineingeben. Sind die Nudeln halb gar, läßt man sie abtropfen und gibt sie zu den Meerestieren. Dann große Stücke Pergamentpapier ausbreiten, Fisch-Spaghettimischung portionsweise daraufgeben und die Pakete so gut verschließen, daß weder Säfte noch Dämpfe entweichen können. Die Pakete auf ein Backblech legen und im vorgeheizten Backofen bei 250° C (Gas: Stufe 9) ca.
15 Minuten garen. Sofort servieren.

Le Penne
martelli
artigiani pastai
caponi caponi
Pasta all'uovo
PASTA ALL'UOVO
PESO NETTO 500g
CAPONI
PENNE
PAPPARDELLE
ROLLE FÜR RAVIOLI
RAVIOLI STEMPEL
RAVIOLI
TORTELLI
TAGLIATELLE
CCHERONI
OSCANISCH)
FUSILLI
PICI

ROMBO al FORNO con ASPARAGI

Gebackener Steinbutt mit Spargel (6)

Auch diese ist eine von Franca Franceschinis modernen Varianten eines regionalen Fischgerichts.

800 g Steinbutt
6 Scampi
20 g Butter
2 Eßlöffel Öl
20 Spargelspitzen
2 Gläser Fischbrühe
Salz und Pfeffer

Den Steinbutt waschen und säubern. Die Scampi schälen und die schwarzen Innereien entfernen, den Kopf aber dranlassen. Den Steinbutt abtrocknen und nur den weißen Teil leicht mit Mehl bestäuben.

In eine gefettete Backform den Fisch zusammen mit den Spargelspitzen, Salz und frisch gemahlenem Pfeffer geben. Mit Butter betupfen, das Öl und die 2 Gläser Fischbrühe darübergießen. Im vorgeheizten Ofen bei 200° C (Gas: Stufe 6) 20 Minuten backen. Anschließend heiß servieren.

* Eine gute Fischbrühe erhält man, indem man folgende Zutaten zusammen kocht: 4 oder 5 Fischköpfe, ½ Zwiebel, Lorbeerblatt, 1 Stange Sellerie, 5 Pfefferkörner, 1 Teelöffel Meersalz, 1 Knoblauchzehe, 5 Gläser Wasser und 5 Eßlöffel trockenen Weißwein. Nach 20 Minuten das Lorbeerblatt und die Fischköpfe entnehmen, und die übrigen Zutaten mit dem Mixer pürieren.

· DIE FAMILIE CERRAGIOLI ·

Fahren Sie die Hügel zwischen Camaiore und Lucca hinauf und immer weiter, bis die Straße endet. Wenn Sie die richtige Straße genommen haben, kommen Sie im Dorf Greppolungo an. Stellen Sie das Auto ab und laufen Sie zum einzigen Alimentari (Lebensmittelladen) des Ortes. Dort verkaufen Paulo Cerragioli und seine Frau ein ausgezeichnetes, selbsthergestelltes Olivenöl. Wenn Sie etwas Glück haben – und daran dachten vorher anzurufen, werden die Cerragiolis sicher bereit sein, Ihnen ein wunderbares Essen zuzubereiten. Sie servieren zwar nur ein paar Gerichte, diese sind aber das, was man als richtige *cucina casalinga* (Hausmannskost) bezeichnen darf, und die ist in Restaurants kaum zu finden.

GALLINA RIPIENA

Gefülltes Hühnchen (6)

Dieses Rezept für gefülltes, gekochtes Hühnchen ist eines der besten und typischsten der Camaiore-Gegend. In Greppolungo gibt man kurz vor dem Servieren einige Spritzer Rotwein in die Hühnerbrühe, eine interessante toscanische Variation von Kraftbrühe mit Sherry.

1 großes Suppenhuhn mit Innereien
2 Möhren
1 Stange Sellerie
1 Zwiebel
Salz
1 Stange Lauch
Olivenöl

Für die Füllung:
2 Scheiben gekochten Schinken oder Mortadella, kleingeschnitten
2 frische Thymianzweige, zerkleinert
3 Scheiben Brot, in Milch eingeweicht
6 Eßlöffel Pecorino, gerieben
225 gehacktes Kalb- und Rindfleisch
1–2 Eier
2 Knoblauchzehen, zerdrückt
4 Eßlöffel Olivenöl
3 Eßlöffel Petersilie, fein gehackt
½–¾ Teelöffel Muskatnuß

Zuerst wird die Füllung hergestellt. Die Innereien des Huhns langsam in einer großen Pfanne in Öl anbraten, nicht braun werden lassen. Dann fein hacken und beiseitestellen. Wurst, Fleisch und Knoblauch in die Pfanne geben und anbräunen. Mit den Innereien, Kräutern, Brot, Käse und einem geschlagenen Ei vermischen. Wenn die Masse nicht bindet, ein zweites geschlagenes Ei dazugeben.

Das Innere des Hühnchens säubern, waschen und abtrocknen. Die Füllung lose hineingeben; die Füllung neigt dazu, während des Kochens aufzugehen. Vernähen Sie das Huhn an beiden Enden, damit nichts herausfallen kann. Mit Möhren, Sellerie, Zwiebel, Lorbeerblatt und Salz in eine große, feuerfeste Kasserolle legen und mit Wasser bedecken. Das Wasser sollte 2,5 cm höher stehen, als der übrige Topfinhalt. Zum Kochen bringen und dann etwa 2½ Stunden bei kleiner Hitze sieden lassen, bis das Huhn gar ist. Anschließend aus der Kasserolle nehmen, die Fäden aufschneiden, das Huhn tranchieren und vorsichtig die Füllung herauslösen, die jetzt ziemlich fest sein sollte. Die Füllung in dünne Scheiben schneiden, mit den Hühnerteilen anrichten und mit frischem Thymian oder Salsa verde (s. S. 75) servieren. Für eine komplette Mahlzeit das Gemüse aus der Brühe entfernen, und frische Tortellini oder *Ravioli nudi* (s. S. 78) darin kochen. Als Suppe vor dem Hühnchen servieren.

· PONTE DI SASSO ·

Cacciucco ist eine mediterrane Fischsuppe, die selbstverständlich aus Livorno stammt, wie die Livornesen stolz behaupten. Eine der besten Varianten des Gerichtes gibt es im PONTE DI SASSO, außerhalb von Camaiore. Der Anblick einer guten Cacciucco ist eine wahre Freude: wie bei feinem Wein genießen Sie zuerst die satte Farbe, dann das Bouquet und zum Schluß den vollaromatischen Nachgeschmack.

CACCIUCCO
Fischsuppe (6)

Cacciucco ist zumindest theoretisch ein Armeleute-Essen, deshalb sollte man billigen geschuppten Salzwasserfisch verwenden – nicht Lachs oder Seezunge! Es sollten mindestens fünf verschiedene Fischsorten sein, wenn nicht mehr. Franco, der hervorragende Küchenchef im PONTE DI SASSO, gebrauchte zwölf Sorten.

- 5 kg Fisch, zur Hälfte z.B. Seewolf, Barbe, Aalstücke ohne Gräten u.ä., zur Hälfte eine Mischung aus Tintenfisch, Krabben, Venusmuscheln und Miesmuscheln
- 3 Knoblauchzehen, zerdrückt
- 4 Eßlöffel Tomatenpüree
- 2 Eßlöffel Rotweinessig
- 4 Eßlöffel frische Petersilie, gehackt
- 1–2 kleine, scharfe Pfefferschoten
- ½ Flasche herber Rotwein (trocken)
- 6 Scheiben Landbrot, geröstet
- 2–3 Tomaten, gehäutet und grob gehackt (und mehr nach Belieben)
- eine Prise Meersalz
- schwarzer Pfeffer, frisch gemahlen
- Olivenöl

Den Fisch säubern, abschuppen, Köpfe und Schwänze abschneiden und für die Brühe aufbewahren. Falls Ihr Fischhändler das für Sie erledigt, lassen Sie sich Köpfe und Schwänze geben. Die Fischköpfe und Schwänze kommen mit 1 Knoblauchzehe, 2 Eßlöffeln Petersilie, Tomaten, Tomatenpüree und 600 ml Wasser in einen großen Topf. Zum Kochen bringen, bedecken und 20 Minuten sieden lassen.

Dann Fischköpfe und Schwänze wegwerfen. Den Fisch in den Sud geben, mit der grätenreichsten Sorte beginnen (fragen Sie Ihren Fischhändler um Rat), bedecken und 20 Minuten köcheln lassen. Brühe und Fisch durch ein Sieb streichen und die verschiedenen, zarteren Arten 15 Minuten darin kochen. In der Zwischenzeit die anderen beiden Knoblauchzehen in einer großen Pfanne dünsten. Sobald sie braun werden, Salz, Pfefferschoten, Pfeffer und die übrige Petersilie hinzufügen. Jetzt die Schalentiere und den Tintenfisch dazutun; wenn das Wasser, das sie verlieren verdunstet ist, den Essig hineingießen. Den Inhalt schnell umrühren und den Rotwein zugeben. Wenn dieser verdampft ist, werden Tomaten nach Belieben hinzugefügt, alles 15 Minuten weiterkochen lassen. Das Brot wird mit frischem Knoblauch eingerieben und in die Suppenteller gelegt. Den Fisch und die Schalentiere in der schweren Tomatensauce darübergießen. Sofort servieren. *Cacciucco* ist ein vollwertiges Gericht, keine bloße Vorspeise. Es sollte mit viel knusprigem Brot gereicht werden und eher nach herzhaftem Fischeintopf als nach einer Suppe aussehen.

POLENTA MATUFFI

Polenta bäuerlich (6)

Dies ist ein kräftiges, altmodisches Bauerngericht, das nach Käse und würzigen Würstchen duftet. Es sollte mit einem Löffel gegessen werden, wobei ein kräftiger, junger Rotwein nicht fehlen darf.

In Viareggio gibt man dem Cacciucco traditionell einen Meeresstein bei. Der Brauch geht möglicherweise darauf zurück, daß dieses Gericht ursprünglich nur von toscanischen Fischern gegessen wurde, die alles, was sie mit ihren Netzen und Leinen heraufholten in den Kochtopf warfen. Trotz ihrer bescheidenen Herkunft, kann die Suppe so edel werden, wie der dafür verwendete Fisch. Die einzige Zutat, die (außer dem Stein) auf keinen Fall fehlen darf, sind die Pfefferschoten.

500 g feinkörniges Maismehl, gesiebt
6 große, schlanke toscanische Würstchen
120 ml Olivenöl
1 kg Tomaten, gehäutet und zerteilt
15 g getrocknete Pilze, die mindestens 10 Minuten in warmem Wasser eingelegt wurden, abgetropft, zerkleinert
1 kleine Möhre
1 kleine Stange Sellerie
1 Zwiebel
Lorbeerblatt
½ Flasche Rotwein
eine großzügige Menge geriebener Pecorino oder Parmesan
Salz und Pfeffer

Das Öl wird in einer mittelgroßen Pfanne erhitzt. Möhre, Zwiebel und Sellerie zerkleinern und darin dünsten, bis sie weich sind. Die Würstchen mit der Gabel pürieren, in die Pfanne geben und mit dem Gemüse anbräunen. Die Hälfte des Fetts abschöpfen (sofern welches vorhanden) und den Rotwein dazugießen. Wenn dieser fast verdunstet ist, die Pilze hinzufügen und bräunen lassen. Dann Tomaten und Lorbeerblatt zugeben und 20 Minuten leicht köcheln lassen. In der Zwischenzeit wird in einem großen Topf 1 l gesalzenes Wasser zum Kochen gebracht. Ganz langsam mit einem Holzlöffel das Maismehl einrühren, damit sich keine Klumpen bilden. 20 Minuten unter ständigem Rühren weiterkochen. Anschließend in jeden Teller eine Portion Polenta und darüber die Sauce sowie reichlich Käse geben.

· IL GIARDINETTO ·

Scarpaccia ist eine Zucchini-Pastete aus der Gegend von Camaiore. Im wunderschönen Jugendstil-Hotel IL GIARDINETTO in der nördlichen Toscana serviert man eine delikate Version namens *Torta di Zucchini* sowie eine weitere gutschmeckende Beilage, *Panzerotti*. Das sind golfballgroße Teile rohen Brotteigs, die um Wurst- oder Pecorinostücke gewickelt und dann knusprig goldbraun fritiert werden, zum Schluß bestreut man sie mit grobkörnigem Meersalz.

SCARPACCIA

Zucchini-Pastete (6)

Scarpaccia bedeutet ›alter, ramponierter Schuh‹, und der Name bezieht sich auf eine gewisse Ähnlichkeit im Aussehen. Es gibt zwei Versionen, eine süße, die Luccas *Torta di Verdura* (s. S. 145) ähnelt, und diese würzige, die sich hervorragend als Beilage zu Braten und Salaten eignet.

- 400 g kleinste Zucchini (mit Blume, wenn möglich)
- 3 große Frühlingszwiebeln, fein gehackt
- ½ Knoblauchzehe, zerdrückt
- ½ Tasse Milch mit Wasser gemischt
- 4 Eßlöffel Mehl, gesiebt
- 2 Eier
- 4 Eßlöffel geriebener Parmesan
- Salz und Pfeffer
- Olivenöl

Die Zucchini in feine Scheiben schneiden, salzen und 20 Minuten entwässern lassen. In der Zwischenzeit Eier, Mehl, Milch und Wasser schlagen und daraus einen glatten Teig machen. Von den Zucchini das Salz abspülen und sie mit Küchenpapier abtrocknen. Zucchini, Zwiebeln, Käse und Knoblauch in den Teig mischen und in 2 gefettete Auflaufformen füllen. (Sie können auch eine einzige verwenden, der Teig sollte aber nicht höher sein als 1 cm). Mit Olivenöl beträufeln und im vorgeheizten Backofen bei 220° C (Gas: Stufe 7) ungefähr 30 Minuten goldbraun backen. Nach Belieben, mit geriebenem Käse bestreut servieren.

CEE alla PISANA

Baby-Aale auf Pisanische Art

Das wohl berühmteste Gericht in Pisa ist *Cee alla pisana*. Cee, das toscanische Slangwort für *cieche*, bedeutet blind und gleichzeitig Baby-Aal. Man fängt sie während der Wintermonate in der Mündung des Arno. Um sie zuzubereiten (100 g pro Person) müssen sie erst mehrmals gewaschen und dann gründlich abgetrocknet werden. In einer Pfanne wird viel Öl erhitzt, 2 Knoblauchzehen werden mit 3–4 Salbeiblättern und ½ sehr feingehackten scharfen Pfefferschote angebräunt. Die kleinen Aale (Länge bis zu 7,5 cm) werden dazugegeben und etwa ¼ Stunde lang schnell umgerührt, bis sie sich weiß färben. Dann kommen noch 2 geschlagene Eier, der Saft einer Zitrone und 3 Eßlöffel geriebener Parmesan hinein. Man rührt weiter bis die Mischung sich zu setzen beginnt, und serviert das eher nach *Spaghetti Carbonara* aussehende Gericht noch in cremigem Zustand.

Oliven & Kastanien

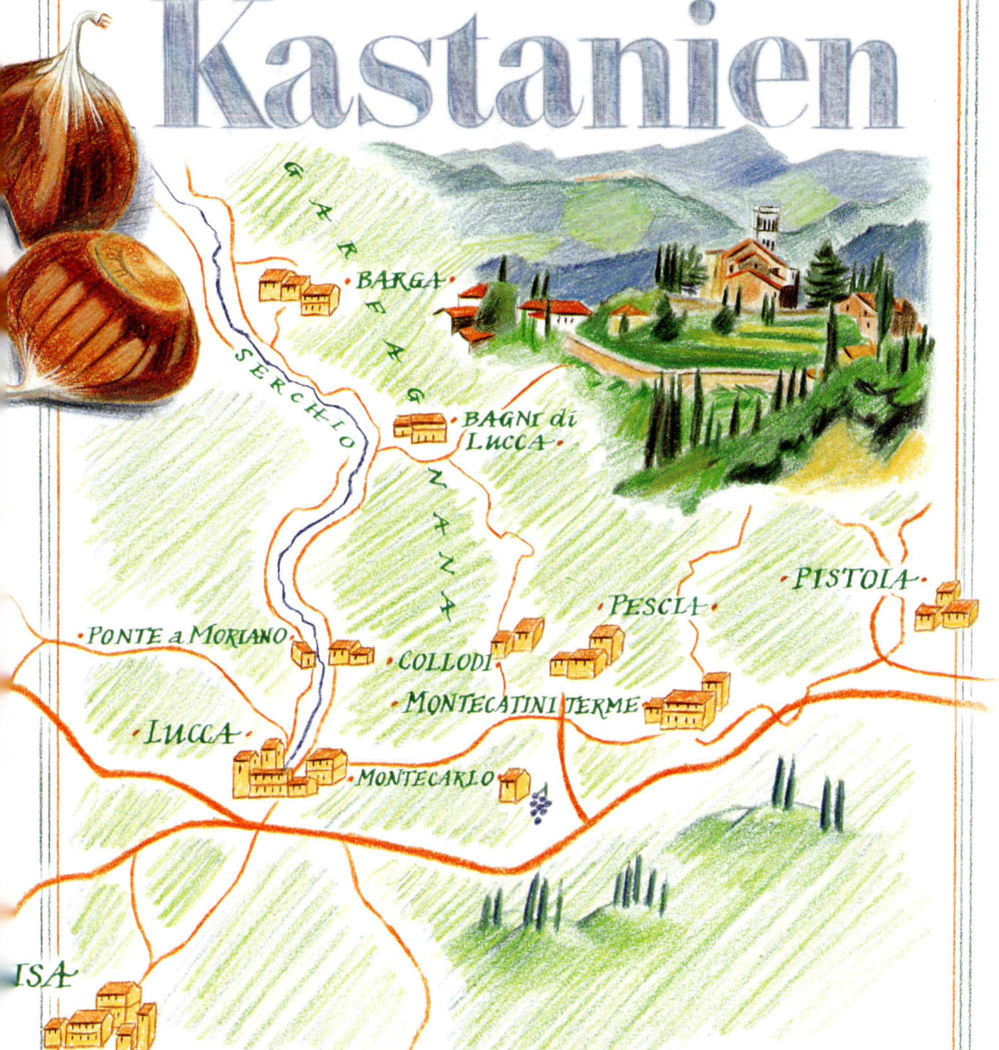

Restaurants
Lucca: Da Giulio in Pelleria · Vipore – Pescia: Cecco – Ponte a Moriano: Trattoria La Mora

Sehenswürdigkeiten
Bagni di Lucca: Traditionsreicher Kurort – Barga: Bergstädtchen – Lucca: mittelalterliche Stadt – Pistoia: Skulpturen

· EINFÜHRUNG ·

Die Garfagnana und die Apuanischen Alpen, Gebirgsausläufer des zerklüfteten Apennin, werden der Länge nach vom Serchio-Fluß geteilt. Kleine Dörfer, deren rote Dachziegel mit Steinen beschwert sind, halten sich waghalsig an den steilen Hängen. Ihre Bars und Freiluftcafés ziehen sich den Abhang hinunter. Da dies ein relativ armer Teil der Toscana ist, nutzt die lokale Küche die vorhandenen Ressourcen: frische Forellen aus den Flüssen, Steinpilze in der Größe von Steaks; einfache, flache Kuchen werden aus süßem Kastanienmehl gemacht und mit Honig und Ricotta bestrichen, und dann gibt es noch das berühmte lucchesische Olivenöl, das wohl beste der Welt.

Bedingt durch ihre Abgelegenheit und Armut, ist die Garfagnana nördlich von Lucca im Gegensatz zur toscanischen Küste vom Touristenstrom unbehelligt geblieben. Hügelorte, wie das schöne Barga mit seinen steilen Pflasterstraßen und honigfarbenen Häusern, haben einen Ausblick auf Pinienwälder, Schlösser und ferne schneebedeckte Berge. Westlich von Barga ziehen sich Dörfer am türkisfarbenen Fluß dahin, deren Straßen fast vertikal vom Ufer aus ansteigen. Während des Zweiten Weltkrieges waren viele dieser Bergorte Unterschlupf der italienischen Widerstandsbewegung, ihre Unzugänglichkeit entzog sie der Kontrolle der Regierungstruppen. Die Erinnerung an diese Kriegsjahre ist immer noch frisch, und in den Bars werden Geschichten von entlaufenen Gefangenen erzählt, die monatelang in Kellern oder Schäferhütten Unterschlupf fanden.

Am Südzipfel der Garfagnana liegt die von Mauern umgebene Stadt Lucca, Geburtsort des Opernkomponisten Giacomo Puccini und die einzige toscanische Stadt, die Florenz erfolgreich Widerstand leistete. Sie blieb unabhängig, bis sie im 19. Jahrhundert Teil des Großherzogtums Toscana wurde. Bis heute umgibt sie ein Hauch von Unnahbarkeit.

Lucca gehört neben Siena zu den zauberhaftesten kleinen italienischen Städten. Die Armut der Garfagnana scheint nicht in die massiven Mauern aus dem 16. Jahrhundert eingedrungen zu sein. John Ruskin schrieb im 19. Jahrhundert, er habe sein Architekturstudium aufgenommen, nachdem er die wunderschönen, gut erhaltenen lucchesischen Gebäude aus dem 12. Jahrhundert gesehen habe: ». . . ihre Substanz ist so unzerstörbar, daß nach 600 Jahren Sonne und Regen noch immer keine Lanzette in ihre Fugen passen würde.« Schmale Straßen aus dem Mittelalter führen zwischen diesen Gebäuden auf riesige, windige Piazze, vorbei an kunstvoll gestalteten romanischen Kirchen.

Vom ebenen, baumbeschatteten Weg oben auf der Stadtmauer hat man einen Ausblick auf den Turm des Guinigi-Palastes, auf dem ebenfalls Bäume wachsen. Man schaut in private und öffentliche Gärten, die sich hinter den roten Backsteinfassaden der Palazzi aus dem 14. und 15. Jahrhundert verstecken, Luccas wohlhabendster Periode. Der Palazzo Pfanner mit seinen symmetrisch angeordneten Marmorstatuen und Zitronenbäumen in Terrakotta-Töpfen gehört zu den eleganteren unter ihnen. Doch selbst er kann nicht mit den prachtvollen Sommerresidenzen außerhalb der Stadt konkurrieren, die sich lucchesische Adelige zwischen dem 16. und 18. Jahrhundert schufen. Drei von ihnen, die *Villa Reale* bei Marlia, die *Villa Mansi* bei Segromigno und die *Villa Torrigiani* bei Camigliano, liegen in herrlichen Gärten, auf kühlenden Bergen im Norden. In der Villa Reale, Sommersitz von Napoleons Schwester Elisa Baciocchi, hatte Paganini (man sagt, er sei einer ihrer vielen Liebhaber gewesen) seinen ersten musikalischen Auftritt.

Lucca ist nicht nur in puncto Vergangenheit attraktiv. Wie Siena ist die Stadt wegen ihrer süßen Brote und Teigwaren bekannt, die man am besten in einem der vielen, blumenreichen Innenhofcafés probiert. Gestört wird der Gast höchstens von einem gelegentlich vorbeifahrenden Moped.

·PALAZZO·PFANNER·

· LUCCA ·

Lucca ist eher eine kleine, elegante Stadt als ein Städtchen, und die sich bietenden Vergnügen sind kultivierter als die der Garfagnana-Dörfer. Besonders schön sind die gut erhaltenen Geschäftsfassaden und Schilder aus der Jahrhundertwende. Falls Sie die Stadtmauern an einem heißen Tag erkunden, gönnen Sie sich zwischendurch ein Glas Montecarlo Buonamico-Weißwein im ANTICO CAFFÉ DELLA MURA. Bei schlechterem Wetter können Sie auch Puccinis Lieblingscafé, das CAFFÉ DI SIMO aufsuchen. Hier gibt es schaumigen Cappucino und Luccas große Spezialität, die *torta di verdure*.

TORTA di VERDURE

Süße Gemüsetorte

Dieser Kuchen wird in den lucchesischen Delikateßläden verkauft und schmeckt wie eine toscanische Variation der amerikanischen Kürbistorte.

Für den Teig:

300 g Weizenmehl
80 g Zucker
100 g weiche Butter
2 Eigelb
1 Prise Salz

Für die Füllung:

200 g Zucchini
300 g Spinat oder Mangold
75 g Zucker
50 g Pinienkerne
30 g Rosinen
1 Ei, geschlagen
2 Eßlöffel geriebene Orangenschale
2 Eßlöffel geriebener Parmesan
½ Teelöffel Zimt
½ Teelöffel Muskatnuß
1 Prise Salz
25–30 g Butter

Für den Teig das Mehl auf ein Backbrett sieben. In die Mitte machen Sie eine Vertiefung und geben Butter, Zucker, Salz und die Eigelb hinein. Zu einem weichen, glatten Teig verkneten und an einem kühlen Ort 2 Stunden stehenlassen.

Für die Füllung Zucchini und Spinat gut waschen, abtropfen lassen, feinhacken und harte Strünke wegwerfen, dann in Butter weichdünsten. Abkühlen lassen und gut mit den anderen Zutaten vermischen.

Etwa ¼ des Teiges davon abschneiden und für die Gitterverzierung verwahren. Den Rest zu einem großen Kreis ausrollen und eine eingefettete, bemehlte Springform damit auslegen. Jetzt die Füllung hineingießen. Den verbleibenden Teig für das Gitterwerk in Streifen schneiden. Anschließend mit geschlagenem Eigelb bestreichen und im vorgeheizten Backofen bei 190° C (Gas: Stufe 5) backen. Die Torte ist fertig, wenn Sie mit einem Zahnstocher in die Mitte stechen und dieser trocken herauskommt.

DA GIULIO IN PELLERIA

Lucca und Oliven gehören zusammen. Die feinen Olivenöle dieser Region werden von manchen Feinschmeckern zu den absolut besten gezählt, obwohl sie eine starke Konkurrenz haben: die Öle der Colli Senesi, das ›grüne Gold‹ der Hügel um Siena. Wenn die Oliven prall und zum Essen ideal sind, werden sie mit Zitrone, Zimt, Salz und Peperoni eingelegt. Dies ist eine besondere Spezialität des RISTORANTE VIPORE westlich von Lucca. Man kann sie auch dazu verwenden, fettem Kaninchen oder Lammeintopf Schärfe zu geben, wie im folgenden Rezept.

AGNELLO con OLIVE NERE

Lamm mit schwarzen Oliven (4–6)

Viele Restaurants der Gegend servieren ihre Variante dieses Rezepts. Besonders gut schmeckt es im BUCA DI SAN ANTONIO und im kleinen Café DA GIULIO, beide in Lucca.

Um den spezifischen Geschmack frischer Oliven zu erhalten, können Sie einen Eßlöffel geriebene Zitronenschale während des Kochens hinzufügen.

- 1 kg Lammfleisch
- 400 g reife Tomaten, gehäutet und entkernt
- 30 pralle, schwarze Oliven (oder mehr, je nach Geschmack)
- 6–8 Eßlöffel Olivenöl
- 2 Zweige frischer Rosmarin
- 2 (großzügige) Gläser trockener Weißwein
- 2 Knoblauchzehen, zerkleinert
- Meersalz
- schwarzer Pfeffer

Das Öl in eine große Pfanne geben und Rosmarin sowie Knoblauch langsam darin andünsten. Wenn der Knoblauch goldbraun ist, wird das Lammfleisch in mundgerechte Stücke geschnitten hinzugefügt und ebenfalls angebräunt. Dann den Wein hinein gießen, und wenn er fast verdunstet ist, die Tomaten- und nach Wunsch die Zitronenschale zugeben. Umrühren, bedecken und bei kleiner Hitze 15 Minuten köcheln lassen. Wenn Sie frische Oliven verwenden, kochen Sie diese einige Minuten lang; wenn Sie eingelegte (aus der Dose, Flasche etc.), nehmen, gut abspülen! Zum Lamm geben, bedecken und auf sehr kleiner Flamme das Fleisch zartschmoren, etwa 1½ Stunden. Falls der Eintopf auszutrocknen droht, mehr Wasser oder Brühe nachgießen. Soll er weniger fett werden, während des Kochens das hochsteigende Fett abschöpfen. Über Polenta oder mit winzigen gekochten Kartoffeln, die die Sauce aufnehmen, servieren.

* Wenn Sie Olivenöl kaufen, achten Sie darauf, daß es sich um kaltgepreßtes Öl *extra vergine* handelt. Es ist das beste und selbst in Italien teuer, aber sein Geld wert. Olivenöle werden nach ihrem Säuregehalt klassifiziert; je weniger Säure sie enthalten, desto besser und teurer sind sie. Während der Zeit, in der Öl gepreßt wird (November–Januar), findet man um Lucca eine Suppe namens *Zuppa alla Frantoiana* oder ›Ölpresse-Suppe‹. Sie ist eine *ribollita*-Abart. Im Gegensatz zu *ribollita*, einer am Vortag gekochten und wiederaufgewärmten *minestrone*, ist *Zuppa alla Frantoiana* eine Mischung aus frischen Zucchini, Möhren, Sellerie, Zwiebeln und Kohl, die mit vorgekochten Bohnen und Schinken vermengt wird. Man reicht sie mit einem Krug frischgepreßtem Olivenöl.

TRATTORIA LA MORA

Manche Restaurants servieren Essen, andere die Atmosphäre eines Ortes, der Menschen, ihrer Landschaft oder Geschichte. Sauro Brunicardis Trattoria La Mora nördlich von Lucca ist eines von diesen. Der Wein (aus seiner eigenen *enoteca*) ist ausgezeichnet, das Essen köstlich und einfallsreich, aber fast noch wichtiger sind die Herzlichkeit und Großzügigkeit von Signor Brunicardi und seiner Mannschaft. Sauro Brunicardi gehört zu einer kleinen Vereinigung italienischer Gastronomen namens *La Linea Italiana in Cucina*, die 1980 gegründet wurde. Ihr Ziel ist es, die traditionelle regionale Küche des Landes zu bewahren und genau erforschte und zubereitete Gerichte ihrer Gegend zu servieren. Diese Traditionstreue und zusätzlicher Einfallsreichtum – nicht alle alten Rezepte sind unbedingt gut – hat zur Folge, daß heute noch *cucina povera*-Gerichte hier zu finden sind, die sonst verschwunden wären – wenn auch nicht aus privaten Küchen, so doch von toscanischen Restaurantspeisekarten.

GRAN FARRO

Getreide-Bohnensuppe (4)

Gran Farro ist eine Weizensuppe, die man in der Toscana aus rohem Hartweizen macht; eine ähnliche Suppe läßt sich auch aus Buchweizen herstellen.

- 150 g roher Weizen, mindestens 3 Stunden gekocht
- 250 g getrocknete oder 600 g frische weiße Bohnen
- ½ Zwiebel, in feine Scheiben geschnitten
- 3 Eßlöffel Olivenöl
- 1 Stange Sellerie, gewürfelt, mit Blättern
- 1 Knoblauchzehe, zerkleinert
- 100 g fettreicher Schinken, fein gehackt
- 225 g Tomaten, gehäutet, entkernt und passiert
- 3–4 Salbeiblätter
- 1 Teelöffel Majoran
- ½ Teelöffel Muskatnuß
- Salz und Pfeffer

Die frischen Bohnen werden in Wasser weichgekocht (etwa 1–1½ Stunden). Wenn Sie getrocknete Bohnen verwenden, müssen diese über Nacht eingeweicht und abgespült und in frischem Wasser ungefähr 45 Minuten lang gekocht werden. Dann ¾ der Bohnen im Mixer pürieren, das Wasser und ¼ der Bohnen vorerst aufbewahren. Das Öl in einem tiefen Topf erhitzen, Zwiebel, Schinken, Sellerie, Knoblauch, Salbei, Majoran und Muskatnuß hinzufügen. Langsam andünsten und wenn die Zwiebel zu bräunen beginnt, die Tomaten beigeben und mit Salz und Pfeffer abschmecken. Etwa 15 Minuten köcheln lassen, bis die Mischung gut verschmolzen ist. Das Bohnenpüree und einen kleinen Teil ihres Wassers dazugeben. Gründlich vermischen und den Weizen zugeben. Etwa 40 Minuten weiterköcheln lassen und mehr Bohnenwasser nachgießen, wenn die Suppe auszutrocknen droht. Nach etwa 30 Minuten die ganzen Bohnen hineingeben und erhitzen lassen. Mit einem Krug Olivenöl servieren.

GARMUGIA alla LUCCHESE

Frühlingssuppe auf lucchesische Art (6)

Diese Suppe macht man nur im Frühjahr, wenn gerade das winzige, frische Gemüse erhältlich ist.

4 Frühlingszwiebeln, fein gehackt
500 g gehacktes, mageres Rindfleisch
100 g Schinkenspeck
200 g frische, dicke Bohnen, geschält
zarte Blätter von 3 Artischocken
250 g frische Erbsen, geschält
2 Knoblauchzehen
200 g zarter Spargel, in Stücke geschnitten
3–4 Tassen Rinderbrühe
5 Eßlöffel Olivenöl
Salz und Pfeffer

Das Öl in einem tiefen Topf erhitzen. Zwiebeln, Knoblauch, Schinkenspeck dazugeben, und wenn die Zwiebeln zu bräunen beginnen, das Rindfleisch ebenfalls 5 Minuten andünsten lassen, dann Artischockenblätter und dicke Bohnen zugeben. Falls die Mischung Feuchtigkeit braucht, ein oder zwei Tropfen Öl hinzufügen, wenn möglich sollte das Gemüse aber im eigenen Saft schmoren. Wenn das Gemüse weich zu werden beginnt, die Brühe hineingießen. Nach 5–10 Minuten folgen Erbsen und Spargel. Auf geröstetem Brot servieren.

CRESPELLE alla FIORENTINA

Spinat-Crêpes

Ob dieses Gericht wirklich toscanischen Ursprungs ist, steht nicht fest, aber Beppe, der Küchenchef, macht es mit solchem Schwung und Können, daß es ein Jammer wäre, die Crêpes wegzulassen. Sie können die Pfannkuchen durch Hochwerfen wenden, wenn Sie nicht, wie Beppe, asbestartige Fingerspitzen haben.

Für den Teig:

90 g Weizenmehl
3 Eier, geschlagen
2 Weingläser Milch
Salz
Öl

Für die Füllung:

400 g Ricotta
600 g frischer Spinat
1 Ei, geschlagen
½ Muskatnuß
Salz
frisch gemahlener, schwarzer Pfeffer

Für die Sauce:

75 g Weizenmehl
75 g Butter
¾ l Milch
Salz und Pfeffer
5 Eßlöffel selbstgemachte Tomatensauce (als Verzierung), oder 3 sehr schmackhafte Tomaten, gehäutet, entkernt und zerkleinert
3 Eßlöffel geriebener Parmesan oder Pecorino

Für die Füllung den Spinat säubern, kleinschneiden, harte Stengel entfernen und in wenig Wasser weichkochen. In einem feinmaschigen Sieb gut abtropfen lassen, dabei mit der Rückseite eines Holzlöffels durch Drücken nachhelfen, damit das Wasser vollständig entweicht. Sehr fein gehackt mit den anderen Zutaten vermischen.

Für die Sauce die Butter in einer Pfanne zergehen lassen, das Mehl hinzufügen und wenn es sich mit dem Fett verbunden hat, einige Minuten bei kleiner Hitze köcheln lassen. Nach und nach die Milch unter ständigem Rühren dazugießen, damit sich keine Klumpen bilden. Wenn die ganze Milch verarbeitet ist, die Hitze erhöhen und die Sauce – immer weiterrühren – 2–3 Minuten aufkochen lassen. Dann herunternehmen und mit Salz und Pfeffer abschmecken.

Für die Crêpes das Mehl in eine Schüssel sieben, in die Mitte eine Vertiefung eindrücken und Eier und Salz hineingeben. Nach und nach die Milch zugeben. Zuerst schnell, und wenn Sie das Mehl von der Schüsselwand hineinmischen, langsamer rühren. Der Teig sollte ziemlich flüssig und nie zäh oder ›teigig‹ sein. 30 Minuten stehenlassen. Dann eine Crêpe- oder andere glatte Pfanne erhitzen und mit einem ölgetränkten Pinsel bestreichen. Sofort soviel Teig hineingeben, daß die Pfanne mit einer papierdünnen Schicht überzogen ist. Dabei ständig rühren, da der Teig sich gleich setzt. Wenn der Teig Blasen bildet und sich die Seiten ablösen, wird er vorsichtig gewendet. Mit dem restlichen Teig genauso verfahren. Auf jede Crêpe einen Teil Füllung streichen, aufrollen und in eine gefettete Backform legen. Darüber kommen die Sauce, die Tomaten und der geriebene Käse. Im vorgeheizten Backofen bei 180° C (Gas: Stufe 4) 15–20 Minuten backen und anschließend 1–2 Minuten grillen, damit die Oberfläche goldbraun wird. Mit knackigem Salat als Vorspeise oder als leichtes Hauptgericht servieren.

LESLI
- 2 -

SANTUARIO EREMO DI CALOMINI

Während man zum Eremo di Calomini hinauffährt, wird einem zunehmend klarer, warum die Pflicht zu hupen besteht. Die schmale Gebirgsstraße führt in Serpentinen – neuerdings wieder Erdrutschgefahr – allmählich zum atemberaubenden Ausblick des entlegenen Klosters, wo man an Wochenenden im Freiluftrestaurant die besten toscanischen Forellen genießen kann – vielleicht die besten überhaupt –, die im Fluß neben der Gaststätte gefangen werden.

TROTA alla GARFAGNANA

Gegrillte Forelle
auf Garfagnana-Art

1 Forelle pro Person
grobkörniges Meersalz
schwarzer Pfeffer
Zitronensaft
frischer Rosmarin
Olivenöl

Zuerst wird das Feuer vorbereitet. In der Toscana verwendet man Kastanienholz, das dem Fisch ein süßes Aroma verleiht. Wenn Sie keines haben, können Sie auch einen Holzkohlegrill oder den Backofengrill nehmen. Der Fisch wird entschuppt und unter fließendem, kalten Wasser gewaschen.
Ins Innere grobes Meersalz, Pfeffer, Zitronensaft und viel frischen Rosmarin geben (wenn nötig, durch getrockneten Rosmarin ersetzen). Fisch und Grillrost mit Öl bepinseln, damit nichts anklebt. Der Fisch wird in 10–12,5 cm Abstand vom Holz oder Feuer gegrillt, nur einmal wenden. Er ist fertig, wenn die herauslaufenden Säfte klar sind und das Fleisch nicht mehr durchsichtig ist – bei 450 g Fisch etwa nach 10 Minuten. Schmeckt besonders gut mit einem einfachen Salat aus feingeschnittenen Tomaten, roten Paprikaschoten und Zwiebeln.

Für ein kräftigeres Essen, so macht man es in der Garfagnana, werden kleine Kartoffeln und Tomaten zusammen gekocht. Sie benötigen 1–2 Kartoffeln pro Person (in Stücke schneiden, wenn sie groß sind) und je 1 Tomate, gehäutet und zerkleinert, pro Kartoffel. Mit Salz und schwarzem Pfeffer abschmecken und so lange bei niedriger Hitze kochen, bis der Tomatensaft verdunstet ist und die Kartoffeln gar sind.

DER MARKT IN PISTOIA

Ein besonders weiches, süßes Mehl wird aus den Kastanien hergestellt, die in Hülle und Fülle in den Bergen nördlich von Pistoia wachsen. Daraus machen die örtlichen Bäcker einen duftenden flachen Kuchen namens Castagnaccio. An den Geschmack muß man sich gewöhnen, und das ist schwer für Nichtitaliener, die Süßspeisen aus Olivenöl und Rosmarin nicht kennen. Also probieren Sie nur, der Geschmack wird Sie lange an die Toscana erinnern.

CASTAGNACCIO

Kastanienkuchen

Dieses Rezept stammt aus dem großen Lebensmittelladen in Pistoias ständigem Zentralmarkt. Die dralle Inhaberin war offensichtlich darüber amüsiert, daß ein Fremder außerhalb der Saison nach *farina di castagna*, Kastanienmehl, fragte und regelrecht besorgt, ob es auch die richtige Verwendung fände. (Da sich das Mehl nicht gut aufheben läßt, ist es nur nach der Kastanienernte, zwischen Spätherbst und Frühjahr erhältlich).

550 g gesiebtes Kastanienmehl
550 ml Wasser
4–5 Zweige Rosmarin, grob gehackt
5 Eßlöffel Olivenöl
eine großzügige Handvoll Rosinen
60 g Pinienkerne
1 Prise Salz
2 Eßlöffel Zucker

Vermischen Sie Kastanienmehl und Wasser vorsichtig mit einem Holzlöffel, damit sich keine Klumpen bilden. Der Teig sollte ziemlich flüssig sein. Rosinen, Pinienkerne, Salz und Zucker hinzufügen, Teig auf ein eingefettetes Backblech gießen, nicht mehr als 2 cm hoch. Mit Rosmarin und Öl besprenkeln. Im vorgeheizten Ofen bei 200° C (Gas: Stufe 6) braun backen und bis es »rissig ist wie trockene Erde« – etwa 40 Minuten lang. Schmeckt delikat direkt vom Blech, heiß oder kalt, mit Puderzucker bestreut oder mit Honig und frischem Ricotta bestrichen.

Markt in Pistoia

CECCO

Pescia ist berühmt wegen seiner Blumen, der Nähe zu Pinocchios Heimatort Collodi und den *asparagi giganti* – Riesenspargel.

ZUPPA di FUNGHI

Pilzsuppe (4)

Diese delikate Suppe wird bei CECCO mit erstaunlichen Mengen frischer Steinpilze gemacht. Aber Sie können auch Morcheln oder Pfifferlinge nehmen oder Champignons und dazu 15 g getrocknete Steinpilze aus der Tüte.

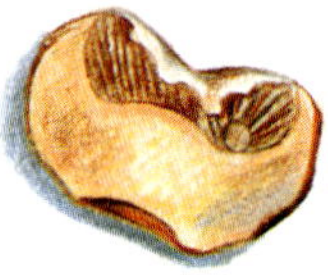

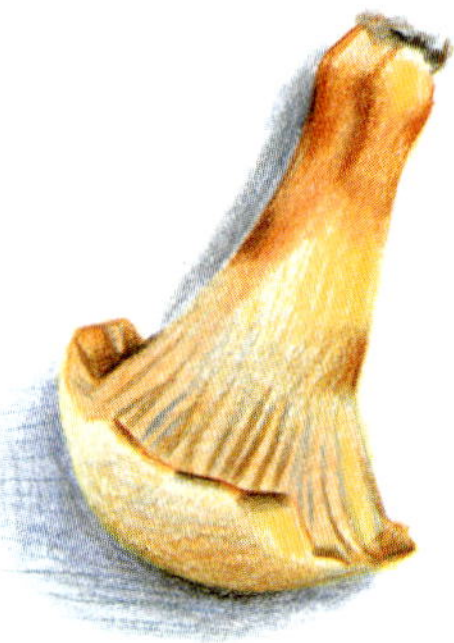

450 g kleine, gesäuberte Steinpilze (oder mehr, wenn Sie es sich leisten können)
3–4 Tassen gute Rinderbrühe
1 Knoblauchzehe, zerdrückt
2 Eßlöffel Petersilie, fein gehackt
5–6 Blätter Nepitella (das ist Katzenminze, wenn Sie diese nicht bekommen, frische Gartenminze verwenden)
4 Scheiben Brot
Olivenöl
Salz und Pfeffer

Ein wenig Öl in einem mittelgroßen Topf erhitzen, die Pilze kleinschneiden und zusammen mit der Nepitella langsam andünsten. Nach Geschmack mit Salz und Pfeffer abschmecken. Wenn sie braun sind, die Brühe dazugießen und dann 10–15 Minuten (mit den getrockneten Pilzen, falls verwendet) köcheln lassen. Nach etwa 7 Minuten Knoblauch und Petersilie hinzufügen, die vorher im Mörser zusammen zerrieben wurden. Das Brot rösten und mit frisch geschnittenem Knoblauch einreiben. Das Brot in die Schüsseln legen und die Suppe darübergießen.

POLLASTRINO AL MATTONE

Huhn unterm Backstein (2)

Ein *mattone* ist ein Backstein, und das Huhn in diesem Rezept bekommt seine charakteristische Knusprigkeit durch einen Terrakottateller, der während des Kochens fest aufliegt. Sie können Mattone-Teller in Lucca kaufen, oder einen sauberen Backstein nehmen.

1 kleines Huhn, der Länge nach tranchiert und flachgeklopft
Saft einer Zitrone
1 Knoblauchzehe, zerdrückt
frischer Rosmarin
3–4 Eßlöffel Olivenöl
grobkörniges Meersalz
grobkörniger schwarzer Pfeffer

Alle Zutaten gründlich in die Hühnerhaut einreiben und das Huhn dann in eine Pfanne legen. Den Stein darauflegen und (in viel Öl) bei niedriger Hitze etwa 20 Minuten auf jeder Seite braten, bis die Haut knusprig ist. Sie können das Huhn auch in eine Marinade aus den gleichen Zutaten einlegen. Einige Stunden darin liegenlassen und dann wie oben braten.

· RESTAURANTS ·

Im Text genannte Restaurants

FLORENZ UND UMGEBUNG

BORGO ANTICO – Piazza Santo Spirito, Florenz
LA CARABACCIA – Via Palazzuolo, Florenz
LE CAVE DI MAIANO – Via delle Cave 16, Maiano
CIBREO – Via dei Macci 118/r, Florenz
COCOLEZZONE – Via del Parioncino, 26 r, Florenz
DA GIANINO – Piazza de'Cimatori 4, Florenz
IL LORDO – Fiesole
ALBERGACCIO MACHIAVELLI – Andrea in Percussina
MASHA INNOCENTI (Kochschule) – Via Trieste 1, Florenz
SOSTANZA – Via della Porcellana 25, Florenz

Das CHIANTI-LAND

LOCANDA GIOVANNI DA VERRAZZANO – Greve
CASTELLO DI SPALTENNA – Gaiole
IL FEDINO – San Casciano in Val di Pesa
FATTORIA DI MONTAGLIARI – in der Nähe von Panzano

MITTELALTERLICHE STÄDTE

BUCCA DI SAN FRANCESCO – Piazza San Francesco 1, Arezzo
LOCANDA DELL' AMOROSA – Sinalunga
PONTE A RONDOLINO – Località Sevestro (San Gimignano)

REBEN UND WEINBERGE

LA CASANOVA – Strada della Vittoria 10, Chianciano Terme
DIVA – Via Gracciano nel Corso 92, Montepulciano
FATTORIA DEI BARBI – 4 km von Montalcino auf der Straße nach Castelnovo dell' Abate
FATTORIA LA CHIUSA – Via della Madonnina 88, Montefollonico
FATTORIA PULCINO – Località Fonte Castagno (Montepulciano)

DIE ETRUSKISCHE MAREMMA

BAR LUPI – Sorano
DA LAUDOMIA – Poderi di Montemerano
TANA DEL CINGHIALE – Tirli (Castiglione della Pescaia)

AN DER KÜSTE

IL GIARDINETTO – Via Roma, Fivizzano
DA GUERRA – Portoferraio, Elba
RENDEZ-VOUS DA MARCELLO – Marciana Marina, Elba
RISTORANTE SERGIO – Lungarno Pacinotti 1, Pisa
PONTE DI SASSO – Località Ponte di Sasso (Viareggio)
DA ROMANO – Via Mazzini 120, Viareggio

OLIVEN UND KASTANIEN

LA BUCA DI SANT'ANTONIO – Via della Cervia 7, Lucca
CECCO – Via Forti 84, Pescia
DA GIULIO IN PELLERIA – Via San Tommaso 29, Lucca
SANTUARIO EREMO DI CALOMINI – an der Bergstraße nordöstlich von Gallicano, bei Barga
TRATTORIA LA MORA – Località Sesto di Moriano 104 (Lucca)
VIPORE – Località Pieve Santo Stefano (Lucca)

• REGISTER DER REZEPTE •

GRAZIE
ARRIVEDERCI
GOOD-BYE